整体建构视野下
语文学科的教与学

ZHENG TI JIAN GOU SHI YE XIA
YU WEN XUE KE DE JIAO YU XUE

程立海　著

上海三联书店

目　录

序　言

随着《义务教育语文课程标准（2022年版）》（包括2019年高中新课标）的颁布、实施，尤其是语文学科核心素养的四个方面："文化自信""语言运用""思维能力""审美创造"的提出，如何将核心素养的四个方面融为一体，是语文教学迎来的新机遇和新挑战。

同时，新课标指出："义务教育语文课程内容主要以学习任务群组织与呈现，""义务教育语文课程按照内容整合程度不断提升，分三个层面设置学习任务群，其中第一层设'语言文字积累与梳理'1个基础型学习任务群，第二层设'实用性阅读与交流''文学阅读与创意表达''思辨性阅读与表达'3个发展型学习任务群，第三层设'整本书阅读''跨学科学习'2个拓展型学习任务群。"

由此不难看出，运用整体建构理论，从整本书和单元整体教学视角开展语文学科的教与学，是新课标的热情呼唤和应然要求。随之出现了"大单元""大概念"与"单篇教学"的讨论与实践、探索与研究，呈现出百花齐放，百家争鸣的喜人局面。

为了更好地适应新课标的教与学的要求，本人在前几年研究课题《运用整体建构理论，提高课堂教学效益的实践研究》的基础上，结合新课标的学习、理解和要求，进行了新的思考、探索、研究、实践、反思和重建。从现代文、古文、作文、深度学习、整本书阅读、项目化学习等教与学的视域切入和呈现，试图将近几年"基于整体建构理论的语文学科的教与学"的相关做法、经验、成效等方面加以介绍和阐释，以便能够从阅读教学有效性和写作指导针对性等方面，对上述问题的解决寻找一些路径、方法与策略，期待对我们的语文学科的课堂教学效益的提高有所裨益和借鉴。同时，向领导、专家汇报，与同行分享，期待得到领导、专家、同行的指导和赐教，以便改进和提高。

我深知，《义务教育语文课程标准（2022 年版）》和整体建构理论博大精深，需要坚持不懈、持之以恒地学习、理解、实践、研究、反思和重建，才能得其要义，领会内涵，把握精髓，感悟精神，践行理念，教出成效，事半功倍。

正因为这样，《义务教育语文课程标准（2022 年版）》和整体建构理论的学习、落实我们一直在路上，惟其如此，才能将语文学科的教与学做得更好。

在课题研究和本书撰写的过程中，本人购买、订阅了大量的有关书籍、报刊杂志，如《义务教育语文课程标准（2022 年版）》《项目化学习工具：66 个工具的实践手册》《初中语文教学关键问题指导》《项目化学习设计：学习素养视角下的国际与本土实践》《新版课程标准解析与教学指导初中语文（2022 年版）》和《语文建设》《中学语文教学》《中学语文教学通讯》《中学语文教学参考》《中小学管理》《语文学习》等，从中汲取了理论营养和实践智慧，对开阔视野，增长见识，丰富积淀，提升素养，增强能力等，都起到了不可替代的巨大作用，打开了语文教与学的又一扇窗，让我对语文教学有了进一步的认识、反思与提高。

与此同时，非常感谢一直以来给予我支持的家人，学校领导、同事，《人民教育》《语文建设》《中小学管理》《爱写作》《教学考试》《中国教育报》等报刊社的编辑老师的鼓励，尤其是《教育》杂志上海版的秘书长陈宁宁老师和上海三联书店出版社的编辑老师，以及所有关心、帮助、厚爱的所有人，是你们促进我专业发展与成长进步，也使得本书能够如期付梓。

限于本人水平，书中难免有不当之处，恳请读者批评指正，不胜感激。

程立海

2023 年 10 月 29 日

第一章
研究的缘起——教与学的转型

课堂教学中存在的"少""慢""差""费"的现状，需要加以破解，从而解放教与学的"生产力"。尤其是在"双减"背景下，提高课堂教学的有效性，让教与学事半功倍，既是教学的目标追求，更是对"双减"政策的有力呼应。正是基于这样的认识和思考，展开了《运用整体建构理论，提高课堂教学有效性的实践研究》这一课题的研究，主要从阅读教学有效性和写作指导针对性方面，对上述问题的解决寻找到一些路径、方法与策略，以期对我们的课堂教学有效性的提高有所裨益和借鉴。

第一节 | "双减"和新课标的呼唤

中办发〔2021〕40号《中共中央办公厅国务院办公厅关于进一步减轻义务教育阶段学生作业负担和校外培训负担的意见》指出："全面贯彻党的教育方针，落实立德树人根本任务，着眼建设高质量教育体系……整体提升学校教育教学质量……提升课

堂教学质量。教育部门要指导学校健全教学管理规程,优化教学
方式,强化教学管理,提升学生在校学习效率。"这就充分说明
党中央、国务院对减负增效、提高教学有效性的高度关注和极大
重视,学校、教师作为教学的主阵地和主力军,责无旁贷、义不
容辞地应该承担起应有的职责和使命。

"教师……要优化教与学活动,提高教学效益。"这是《义
务教育语文课程标准(2022年版)》对全体语文教师的要求,
也是语文教学的总则和纲领,应在教学活动中加以践行,努力
做到。

第二节 | 落实新课改的需要

当前,无论从国家、上海市的宏观层面,还是区与学校的中
观层面和教师、学生的微观角度来看,都把课堂教学改革、提高
课堂教学效益放在了极其重要的战略地位来看待。

《国家中长期教育改革和发展规划纲要》指出:"教育要发
展,根本靠改革","建立以提高教育质量为导向的管理制度和工
作机制,把学校工作重点集中到强化教学环节、提高教育质量上
来","促进学生生动活泼学习、健康快乐成长……改进教学方
法,增强课堂教学效果,培养学生学习兴趣和爱好"。

《上海市中长期教育改革和发展规划纲要》对课堂教学改革
也做了这样的描述:"深化义务教育课程和教学改革……改进教

学方法,把发展学生兴趣特长、创造思维和自主学习、独立思考、合作沟通能力,贯穿到课程教学的全过程。"

与此同时,《区中长期教育改革和发展规划纲要》也对课堂教学的"五环节"等方面做了具体部署和要求。

我们学校新的五年发展规划同样把课堂教学作为重点工作目标加以推进。

因此说,改进课堂教学,提供教学的有效性是上上下下一致关注的焦点问题,无不处在"攻坚克难"阶段,而课堂教学则是其中的关键,"学"又是关键的关键。

第三节 | 化解瓶颈问题的选择

众所周知,从20世纪80年代中期至今,中国教育已有四十多年的改革历程,大致经历了十多次较大的革新,尽管已取得了令人瞩目的成果,但课堂教学的问题依然存在。

考察学校教育的现状不难看出:提高课堂教学实效性,广大教师一直在探索、实践之路上。依据我们的教育实验活动,我们认为借助整体建构理论,提高课堂教学效率、培养学生学习能力,是关键的关键。

因为,改进课堂教学,提高教学效率,最终都要体现在课堂教学的研究与落实上,具体化为学科课堂教学研究和实施上。这种认识已成为我们广大教师的广泛共识。近年来,尤其是新课改背景下，提高课堂教学有效性的呼声越来越高，促使教学改革成为推进课程改革的迫切需要。

然而，教学研究却遭遇了瓶颈。具体表现为，很大程度上是借鉴国外的课程理念、教学理念在本土的课堂教学结构、课堂教学文化中如何体现、如何落实，研究还很不够。同时，出现的教学方式变革较多，而实效性差强人意。所以，教学方式的创新、教学效果的提升必然是教学改革与课堂教学的关注点，从而让学生学得自主、快乐，为学生的终身发展奠基。

第四节 | 有效教学之路的探寻

每学年国家、市、区、校部署教学工作，都离不开教学的提质增效，主要聚焦在以下几方面：如何提高课堂教学效率，如何培养学生的自学能力，如何减轻师生的负担，以便达成教学投入和产出成正比，逐步改变教学"少""慢""差""费"的现状，解放教与学的"生产力"。

道理很简单：新课程倡导、呼唤这样的课堂：使学生的"学"具有情境性、实践性。营造"学的活动"的课堂教学，提高课堂教学的效率，是中小学教师专业发展的方向。

放眼现在的课堂教学，总体来说，教师"教"的手段、方式比较丰富、多样，而学生"学"的形式、活动则相对单一、贫乏，不少学生是被动跟进，学生学习的兴趣、潜能没有被充分地开发、利用。

因此，针对上述问题进行实验研究，并加以改变，是学生学习方式的迫切需要，也是教师亟待破解的难题。这就需要改变一系列的课堂教学行为，从教学设计的关注点，到教案的样式；从好课的观念，到教师专业发展的方向。

这种改变，将是一个磨炼的过程，将遭遇到种种的困难。而正是在困难和磨炼中，将揭示出课堂教学中种种复杂的现象，揭示出课堂教学文化中的种种细节之处，揭示出教师课程与教学理念转变、形成的真实过程，从而提高教育研究、课程与教学研究的解释力以及解决问题的能力。

第二章
研究的概况——教与学的设计

从以下六个视角加以介绍研究的概括。

第一节 | 整体建构知识结构

所谓"整体建构"教学，就是基于学科知识的内在系统关联，帮助学生构建认知体系，发展思维能力，进而更好地理解和掌握学科知识。有研究者用通俗、形象的语言加以表达：整体建构，就是先见到"森林"，而后深入认识一棵棵"树木"，意即如没有一种宏观的视野，很难有微观上的深入。常规教学中，采用先让学生学习知识"个体"，再到"部分"，最后到"整体"的教学方法，学生难以自主打通"孤立"知识点之间的联系。整体建构就是帮助学生用整体的观点来学习知识的各"部分"，同时在学习"部分"时又明确它在"整体"中的作用，从而完善认知结构，"既见树木，又见森林"。整体建构，主张根据学科特有的"整体""结构""逻辑"等特点，帮助学生从整体上把握知识结构,理解知识之间的内在联系和发展,把碎片化的知识有效地连成线、结成网、组成体,将相关知识点纳入一个结构或框架中,形成模块化体系,使习得的知识结构化。(《教育研究与评论(中学教育教学)》,2021年第5期,施俊进)

综上所述,"整体建构",其含义主要有两点:一是人的认识遵循了整体认知的规律(从整体到部分再到整体这样一个螺旋式的质变过程),因此在课堂教学中应该有整体认知观照下的课堂教学,改变目前课堂教学中把内容切割过碎的现象,以提高课堂教学的效率与有效激发学生的潜能。二是在教育教学的过程中,教师和学生都是主体、客体,或者说互为主客体关系。但是,学生是未成年人,学生主体性的发挥需要有教师的引导,而不是我们所喊的"要充分发挥学生主体性",人的主体性的发挥是有限度的,我们论及主体性,往往都是谈到主观性、能动性、自主性、创造性等,唯独忽略了主体性中的受动性。教师引导学生主体性发挥的目的在于学生高效的学习,掌握学习的方法、工具与基本规范,提高自学的能力。因为,学生对知识的"接受",只能靠学生的建构来完成,即知识不是通过教师的传授获得的,而是学习者在一定的情境下,借助他人,包括教师与学习同伴的帮助,利用必要的学习资料,通过意义构建而获得的。可见,学习是个体建构自己知识的过程,是主动的,而不是被动的,学生是学习的主体,是以学生已有知识为基础,建立新知识的生长点。

"效益",是指有效果、有效率、有效益。根据《现代汉语词典》的解释，效果、效率、效益通常指人们有预期的活动作用于某些事物之后，对这些事物所产生的变化的主观评价结果。效果指事物状态所能满足的人们某种预期需要的程度，效率指在单位时间内取得一定效果的程度，效益指消耗单位资源（时、物、人）后取得一定效果的程度。

由此，联系到课堂教学的效益，简言之，就是要做到在单位时间里，以师生最少的投入，得到最大的教与学的收效。

第二节｜由"学会"走向"会学"

我们经常比喻说，知识就像一棵树，是有内在联系的一个有机整体。如果孤立地把知识分成若干块，那就是灌输。哪怕学生理解了，也是孤立的理解。如果能够积极主动、融会贯通地掌握了，那才是真正地会学了，这就是"学会"与"会学"的本质区别。老师们也常常说，有些教师教了初一年级教不了初三年级，教了初三年级教不了初一年级，就是因为首先他不了解学生的特点和认知规律，不能从整体上把握学生以及某一年级和整个初中阶段的教材体系，不知道初一年级中已经蕴含着初三年级的知识，就是无法建立教材前后的整体关联。

以语文教学为例，当前的教学弊端就很多，一篇课文一堂课读若干遍，读得都没味了。如同泡茶，泡多了就没味了。教学课文，大多是：读准生僻字、解释词语、概括段落大意、总结主题

（或中心）思想和写作特色。教学这些内容，如果说考试时还能用到的话，考试之后怎么样就不得而知了。

当今依然存在这样的语文教法：捡了芝麻，丢了西瓜。如此舍本逐末的后果，是教师厌教、学生厌学，教师不再是文化人而是固定知识、内容的传声筒，学生不再是积极主动学习的生命个体而成了被动接受的容器。不单单课堂之上所学甚微，而且还浪费了学生的生命，压抑了学生的潜能，影响了他们一生的发展。

理科情况呢？正如许多老师所说，目前理科教学的弊端也是显见的：教师不敢把完整的问题放给学生，总是一步一步地给学生解释得很具体，唯恐学生不明白，限制了学生思维的整体性和创造性，等等。

综上所述，本项课题研究有着非比寻常的意义和价值。

第三节｜教与学的提质增效

一、总体目标

通过本课题的研究、实践，旨在探索课堂教学的有效方法和途径，确立"主体教学法"的基本特点、"主体教学法"的基本环节、"主体教学法"对教师的高要求等关键环节，将教学内容看成相对的整体进行主体式教学——介入"纲要信号"这一重要工具，让学生学会自学、学会自己去获取知识、自己去发现学习方法。

总的目的在于：探索"如何提高课堂教学效率，如何培养学生的自学能力，如何减轻师生的负担"。使教学投入和产出成正比，逐步改变教学"少""慢""差""费"的现状，解放教与学的"生产力"。

二、具体目标

（一）主体教学的理论依据

1. 师生是认识的"双主体"

① 教学过程是教师教与学生学的统一过程，彼此不能相互代替，必须密切配合，相辅相成，相得益彰；

② 教师是教学的主体，教师能够发挥教学的主动性、创造性，教学效果就好；

③ 学生是学的主体，其主体性的发挥需要教师的引导，教师引导适当，则效果凸现，反之亦然。

2. 人作为主体的特点决定了整体的教学观

（二）人的认知特点决定了整体的教学观

人们认识事物是先整体后部分还是先部分后整体，不同的认识观会形成不同的教学观。

有人认为认识事物的规律是先部分后整体，只有对事物的每一部分认识清楚了，才能对事物的整体有所了解和把握。这种认识观反映在教学上就是先部分后整体，比如语文阅读教学，多少年来都是按照字、词、句、段、篇的顺序教学，教师先让学生逐字逐词地把生字生词解决了，再逐句逐段地进行分析，最后归纳主题思想和写作特点。数学教学先把公式概念逐字逐句地讲明白，再把解题的步骤一步一步说清楚，唯恐哪个细节讲不清楚学生不明白，把完整的教材搞得支离破碎，直到快下课时学生才对全文有个整体认识。这种做法少（讲学容量少）慢（教学进度慢）差（教学效果差）费（浪费时间）。

事实上，人们认识事物的规律不是先部分后整体，而是先整体后部分，经过几个循环往复，最后形成对事物的清晰认识。这就如同认识一个人，先有一个轮廓上的总体"扫描"，才有局部的"审视"。

这种先整体后部分的认识观反映在教学上，就是要学生先整体感知和理解教材，然后再深入学习关键部分，先解决主要矛盾，后解决次要矛盾。

惋惜的是，我们的教学往往以"教师教"的角色设计教学，喜欢条分缕析，不厌其细，却忽略从整体上去把握文本。新课标理念强调引导学生整体感知教材，要把握文本的要义，而不是主次不分、细枝末节地学习文本。

（三）不同的责任意识形成不同的思维方式

整体建构的教学思想要求教师一开始就把主要任务和全部任务交给学生，增强学生的责任意识，充分发挥学生的潜能。实践证明，让学生在学习任务的驱动下"上路"，其效果要优于有别于这样的学习。

在教学时，学习任务有差异，思维的方式和切入点就会迥然不同。如果老师先让学生完成次要任务（如语文教学中的字词），再完成主要任务（如归纳课文的主题思想），学生的责任小，压力小，思维的潜能难以发挥。对于理科来说也同样如此。

（四）知识的系统观

整体建构的教学，就是要建立一种清晰的、系统的知识"网络体系"，只有这样，所学知识才能建立难易的循环与进阶，让自己的知识大厦不断累积、丰实。

（五）主体教学法的基本特点（亦即提高课堂教学效率要解决的几个关键问题）

1. 明确自主学习规范，掌握自主学习工具。

2. 整体入手学习教材，培养整体思维习惯。

3. 把握知识能力关系，引导学生掌握方法。

4. 注重知识逻辑联系，激发学生情绪体验。

5. 知识感悟场与情感感悟场的创造。

（六）主体教学法的基本环节

1. 导入新课，出示目标。

2. 自学指导，整体感知（把握重点）。

3. 检查点拨，探寻规律。

4. 拓展探究，回归系统。

（七）主体教学法对教师的要求

1. 整体把握教材的能力。

2. 运用现代信息技术的能力。

3. 整合课程和开发课程资源的能力。

第四节 | 教与学的有效策略

一、明确自主学习规范，掌握自主学习工具

1. 把握自学规范，促成学生提高学习效率。

如整本书阅读，能够恰当地运用泛读、跳读、精读等方法，以及圈画、批注、撰写读后感、推荐所阅读的整本书等不同方式与载体，尝试和总结自学的策略与经验，从而提高学习成效，走向事半功倍。

2. 掌握自学工具，能够激发学生学习兴趣。

以写作为例，可以借助项目化学习，通过具体的写作任务的驱动与真实情境的设置，激发写作的体验和兴致。

二、整体入手学习教材，培养整体思维习惯

1. 人的认知规律决定教学的整体观。

这与2022版义务教育课程标准所倡导的大单元、大任务、大情境等精神、理念和要求一脉相承，是整体教学观的具体体现。

2. 借助"纲要信号"引导学生从整体上入手学习教材。

能够正确、恰当地运用好"纲要信号图"（"思维导图"），是提纲挈领地学习，理清学习的重要内容的绝好抓手，实践证明，此法备受师生的喜爱与青睐。

三、把握知识能力关系，引导学生掌握方法

1. 知识是培养学生学习能力的储备。

这是 2022 版义务教育课程标准中提及的语文学科核心素养之一，自然就是语文学科教与学的重点，需要花费很大的气力去做好、做扎实。包括听、说、读、写、思等知识与能力。

2. 明确知识获取过程，培养学生学习能力。

知识获取的过程与途径多种多样，既有课本、课堂的，也有课外、自学的。总之，"生活的外延与语文学习的外延相等"，即留心处处皆可学语文。从而不断培养和提升语文的学习能力、水平和素养。

四、注重知识逻辑联系，激发学生情绪体验

1. 强化知识逻辑联系，创造知识感悟场。

可以借助大单元、项目化学习等手段和举措，来建立知识间的逻辑关联，以及知识、情感的体悟，水到渠成地触发知识学习的体验。

2. 引入学生日常经验，创造情感感悟场。

如写作身边的人与事，学习有关的课文，以及所参与的一些活动，如日常的演讲、征文、阅读分享等，来切身感受与体悟其中的思想情感，受到启迪和教育，进而认识到语文学习的方法与情感体悟的重要。

第五节 | 以"行动研究"为主导的多种方法

一、文献研究法

搜集、归结已有的相关研究，知晓别人的研究现状、领域、方法等，避免无效的重复研究，以取长补短，少走弯路，务求省时与高效。在研究过程中，对与本课题研究有关的国内外研究现状及发展趋势等进行了必要的分析、梳理，主要的有：

1. "纲要信号"图表教学法由原苏联人沙塔洛夫首创，这是国外研究整体教学的雏形。

2. 魏书生的中学语文整体改革实验

魏书生任教初二时，用自学整册教材的方法，一个月学了两册新书，参加初三基础知识竞赛，在35所参赛学校中，只有他们是初二学生，其余均为初三，他们获平均分第七名。

魏书生外出开会极多，但从来没请过任何一位老师给他代过课，没占过学生一节自习课时间补过语文课。至于星期天、节假日，学生更不可能让他补课了。

从这个角度讲，他这个语文教师当得也比较轻松。轻松的原因之一是他引导学生学会了自学整册教材。魏书生在教学时，打乱教材编排顺序，按语文知识树（类似于"纲要信号"或"思维导图"）的体系去选用教材，组织训练，即以知识统帅课文，课文成为知识教学的例证和"习题"。魏书生的教学实践，能够有效佐证整体建构教学。

3. 孙维刚的中学数学整体改革实验

北京名师孙维刚执教的非重点中学高三（4）班，高考平均分达 534 分，全班 40 人中有 15 人被清华大学、北京大学录取；参加全国数学联赛，全班共 14 人获奖；高考，全班 40 名同学平均分为 558.67 分，数学平均分为 117 分（满分 120 分），38 人达到全国重点大学录取线，600 分以上的 9 人，22 人考入北大、清华。而在当年升入中学时，这个班 2/3 的学生，成绩低于区属重点中学的录取分数线。孙维刚的教学方法被称为"结构教学法"，讲究新知识和旧知识的比较和联系——实际上，许多知识都是互相联系的，比如高中时要学的余弦定理，你就应该明白勾股定理就是余弦定理的一个特例。找到新旧知识的联系，那么数学就变得简单多了。这就是从整体上进行"知识大厦"的建构。

4. 韩兴娥的小学语文整体改革实验

《中国教育报》陶继新老师曾报道：山东省潍坊市潍城区青年路小学语文教师韩兴娥只用两个星期，就将一册语文教材教授完毕，而且不再布置任何与课文相关的作业。在小学中年级两个多星期便学完一本语文教材，四年级便学完了六年级的教材，并且不再布置任何与课文相关的作业。其余课堂时间就将教学重点转移到课本以外作品的大量阅读上。

5. 基于主导——主体教学结构的创造性教学模式

福建省石狮市新湖中心小学张秋水老师的这一研究颇有成效，分为四个板块：应用信息技术，支持建构主义的实现；明确指导思想，立足课堂教学的目标；发挥教师主导作用，突出学生主体的地位；构建基本框架，设计创造性的教学模式。

6. 建构学生主体教学的个案研究

北京师大二附中初中部刘淑宁等开展的"建构学生主体教学的个案研究"已经取得阶段性成果。

7. 马芯兰的小学数学整体改革实验

北京市朝阳区实验小学校长马芯兰说，知识就像一棵树，是一个有机整体，是有内在联系的一个有机整体。在小学数学教学改革实验中，马芯兰根据儿童学习过程的认知特点和规律，运用学习迁移的原理，通盘改革小学数学的教材和教法。在知识教学中，突出重点知识的教学，给基本概念、原理、法则以中心的地位，加强知识的内在联系，适时进行渗透，使学生形成一个好的认知结构；在应用题教学中，突出能力的培养，把培养能力放在中心地位——调整教材结构，促进知识迁移；突出概念教学，重视形成知识结构。

8. 于美霞老师的小学数学整体教学

山东省潍坊昌邑市饮马镇杨屯小学于美霞老师执教的数学课成绩高得惊人，她所教的六年级某班全班42名学生的数学成绩，在期中、期末考试中已连续九次优秀率达到100%。而且，于老师的教学方法似乎"与众不同"，学生仅用一年时间就学完了九至十二册的数学教材，经测试，全班学生对所学内容全部掌握，优秀率达到了100%。她所教的学生对于数学课程标准中规定的四种能力，即搜集处理信息的能力、获取新知识的能力、分析解决问题的能力、交流与合作的能力都达到了相当高的水平；学生对数学学科产生了浓厚兴趣和研究欲望，形成了良好的学习习惯，掌握了有效的学习方式，具备了自我管理的意识和能力；班级的学习气氛浓厚，实现了学生爱学习、会学习、学得好的教学发展目标。这一数学教学经验在山东省、潍坊市进行了大面积推广。

从以上的成功案例和分析中，我们不难发现，整体建构的主体教学源远流长，正在焕发出她旺盛的生命力和独特的实用价值，值得我们很好地研究、发掘和利用。

二、调查研究法

即向学生、家长调查、了解他们的真实想法，听取他们的意见和建议，有选择地加以改进和补充、完善。

调查研究法又分为观察法、问卷法、个案法。即通过课堂教学过程的提问等来观察教学效果，基本程序：记录→整理→分析；采取问卷形式调查课题研究的情况，获得反馈资料，基本程序：观察→记录→整理→分析；跟踪学习基础好、中、差学生，比较课题开展前后的变化情况，基本程序：抓住典型个案→全面、深刻认识→课题研究的一般特征。

三、系统研究法

即课题组定期开展课题教研活动，分工合作，各有侧重，通报各自的阶段研究成果，相互学习，彼此借鉴，形成一个有机的研究系统。因此，本课题的研究，我们应从系统的观点出发，关注整体与各部分的相互联系与相互作用的关系，以求得整体最佳效能。

四、行动研究法

研究者分小组全程介入实践探索，并对所介入的侧重面进行较为深入的研究。课题组组织不同层面的研讨会和报告会，合力形成"整体建构"的课堂教学的研究系列。

五、比较研究法

为了呈现本课题研究的实效，可与开展该课题研究前的学生学习能力、习惯和考试成绩等方面作一比较，从中总结出规律性的结论。

第六节 | 多管齐下确保目标达成

一、定期进行各级各类教与学的展示

即通过日常的课堂教学、参加一些相关的、各级类型的比赛、对外公开教学以及学生学习、能力发展变化等活动、途径，展示课题的研究成果，发现和找出研究的长处和不足，从而扬长避短，不断修正、改进。

二、课题研究与反思、改进有机统一

即边研究边思考，边改进，边总结，边发展。

可以是对阶段性研究成果的提炼，可以是通过对同行相关

经验、做法的吸纳与学习，可以是对有关专家报告、文章的内化与借鉴……方式、途径不一而足。

三、课题研究与新课改理念相一致

即课题研究的一切出发点和归宿都应该与新课改精神相一致，相吻合。

尤其是对 2022 版义务教育课程标准的精准、深刻、全面的理解和落实，以此作为语文学科教与学的指南，追求语文教与学效益的最大化。

四、专家与名师的示范引领

邀请名家作演讲报告，现场示范，或是收听、观看音频、视频录音、录像，甚至尽可能地请专家上示范指导课。

就是说，课题研究不拘一格地采用一切有利于语文教与学的手段和措施，展开富有实效的行动研究，务必使研究达成预期目标，进而对同行有所启发和借鉴。

第三章
研究的过程——教与学的聚焦

第一节 | 目标与过程的有机统一

一、研究项目的确定

1. 学校层面：《上海市教育发展"十四五"规划》指出："促进义务教育提质增效，深化义务教育课程教学改革"；《区"十四五"教育发展规划》明确要求："深化教学改革，提升基础教育质量。实施课堂教学改革，重视教学改进，提升教师的专业水平。"结合本校"打造一支业务精、素质高、能力强的教师队伍，全面提高教学质量"的发展定位，确定了本课题的研究。

2. 教师层面：参与本课题研究的教师，根据所任教年级学生特点，确定研究的内容、方式、途径等。

3. 学生层面：针对不同年龄段的学生，采取不同的研究内容和要求进行课题实施。

4. 家长层面：发挥家长的优势和资源，赢得家长的支持，顺利推进本项课题研究。

二、研究项目的实施

本课题的研究，本着科学、有用的原则，有组织、有计划、有步骤地加以实施和推进。在教学时间、教学方法、教学容量上要根据不同年级学生的年龄、心智特点，加以施教。通过丰富多彩的不同方式来扎实、有效地开展本项研究，不断丰富、拓展本研究的内容和领域，力争有所突破，有所发展，有所收获。

下面以《既见"树木"，又见"森林"——刍议单篇教学与单元整体教学》为例加以说明：

既见"树木"，又见"森林"
——刍议单篇教学与单元整体教学

摘 要 在"双新"背景下，怎样正确看待单篇教学与单元整体教学，是语文教师面临的新课题和新挑战。本文从既见"树木"，又见"森林"的角度，结合自身的教学实践、思考和感悟出发，提出了应高度重视单篇教学，也不偏废单元整体教学的观点与建议，并结合具体课例与主题单元教学加以阐述，从而厘清二者之间应有的关系，建立该有的联系，为语文单篇教学与单元整体教学提供思路和参考。

关键词 单篇教学　文本精准解读　单元整体教学　建构关系

随着《义务教育语文课标标准（2022版）》的颁布和不断推进、落实，语文教学也发生了显著变化，其中关注的焦点之一是如何处理好单篇教学与单元整体教学的关系，是摆在我们广大语文教师面前的一个重要问题。对此，说法不一，见仁见智。有的认为，单篇教学已经过时，应该重视单元整体教学；有的则依然在单篇教学上下足了工夫，至于单元整体教学，则没有单篇教学那么重要。看起来好像是各有各的依据和道理。

在笔者看来，既要看重单篇教学所具有的不可替代的作用，因"单篇教学是语文教学的基础。正确对待单篇教学是做好一切语文教学的基础。统编本语文教材的编排情况：小学一至六年级组编课文，一律以单篇为主。初中七年级，共组编47篇课文，7个组合，组合形式涉及古诗词4首、文言短文、寓言故事、外国诗歌等；八年级，共组编50篇课文，11个组合，组合形式涉及古诗词5首、文言短文、现代散文、新闻2则以及专题阅读，如《诗经》2首等；九年级，共组编49篇课文，5个组合，组合形式与七、八年级基本相同。从编排上看，初中单篇教学占比81%，组合课文占比19%，仍然是以单篇教学为主。高中在课文编排上，单篇教学和组合课文各占半壁江山。"[1]

与此同时，也不能忽视单元整体教学的必要性，因为，语文阅读教学"只见树木，不见森林，会着意于局部而失去整体；同

---

[1] 何郁.摆正新课改下单篇教学在语文教学中的位置[J].教育家，2023（7①）：31.

样，只见森林，不见树木，会失去基础，流于粗疏"。① 可见，二者是密切关联，相辅相成的，只有单篇教学落到实处了，单元整体教学才不会成为空中楼阁，单篇教学为单元整体教学奠定坚实基础，提供保障，单篇教学与单元整体教学不可偏废和顾此失彼。

以六年级下册第六单元为例，该单元由《好的故事》《我的伯父鲁迅先生》《有的人——纪念鲁迅有感》这样三篇文章构成，都与鲁迅先生相关，阅读这些作品，能够深入地感受鲁迅的形象气质，理解其精神境界，从而激励我们向鲁迅先生学习，勤于思考，关注社会，为民族的未来贡献力量。而要达成这样的教学目标，首先就必须借助每篇课文的学习，再对单篇课文进行比较、整合，从而找出它们之间的关联，建构单元整体教学的知识"大厦"。"基础教育阶段的语文教学，需要分解（单篇教学），也需要综合（单元教学），二者要有机协调。全部是分解或全部是综合都不利于学生语文素养的提升。"②

《好的故事》，作者是鲁迅先生，讲述的是一个梦境，这个故事具有美丽、优雅、有趣的特点。课文通过写现实"昏沉的夜"和遥远的水乡美景，尤其是课文的开头和结尾所描写的情景，可以从中体察到作者身处昏暗、昏沉的环境中，感受到作者的低沉、消极的情绪。而课文中的多数段落都在描写一个"好的故

① 张彬福等．大单元·大概念·单篇教学［J］．中学语文教学，2023（6）：11.
② 张彬福等．大单元·大概念·单篇教学［J］．中学语文教学，2023（6）：7.

事"，描绘水上奇幻景象，表达一种神往之情。由此可见作者的深意：借用一次美好的梦境，表达对故乡的怀念，对美好生活的追求，以及对现实社会的厌恶。

请看文章的结尾："我真爱这一篇好的故事，趁碎影还在，我要追回他，完成他，留下他。……但我总记得见过这一篇好的故事。"言外之意是：明知是绝望，但仍然要和绝望抗争，这便是：反抗绝望。这就是我们读《好的故事》，以及读《野草》感受到的鲁迅的可贵精神，也是文章所要表达的鲜明主旨和正向价值。通过这样的教学，能够掌握课文表层意义及深刻内涵，由此对鲁迅的精神有初步认知，从而萌发对鲁迅作品的阅读兴趣。

同时要明确：1.学习这个单篇课文，要能够理解课文的表层意义及深刻内涵。2.对文章结尾部分的文字，特别是"卒章显志"的写法和句子，能够准确筛选、"锚定"，这才算是读懂了文章的要义。

《我的伯父鲁迅先生》，课文以一个孩子看伯父的眼光写鲁迅先生，生动地刻画出一个富有情味的活生生的鲁迅形象。有鉴于此，本课教学的目标和重点、难点设定为以下三点：

1. 了解夹叙夹议的表达方式，概括全文写了鲁迅几件事？（旨在学习文章恰当运用表达方式和筛选有效信息与表达的能力。）

2. 圈画、品读文中描写鲁迅语言、动作、神情的语句，体

会人物的性格特征和精神品质。（把握人物描写，对表现人物
个性和精神品质的作用。）

　　3. 理解含义深刻的句子，体会作者对鲁迅的敬爱之情。
（感悟重点句子的言外之意和字里行间所蕴含的思想感情。）

　　教学中，如果能够有效达成以上几点，则本课的教学无疑是
成功的，并且能够将所学方法迁移到相类的文章学习中，实现知
识、能力的灵活迁移。因为，"任何一个单篇原本都不是为单元
服务的，都有自己独立的文本价值"。[①] "单篇课文所体现的语文
核心素养是客观的，不是观念的，它适用于单元，但不为单元服
务，不是从属关系。"[②] 这就进一步阐释了单篇教学的价值、意义
和作用。

　　教学《有的人——纪念鲁迅有感》这首现代诗，重在理解
诗歌中两种人的形象和命运，体会诗人对鲁迅的情感，以及领悟
诗人通过几组形象、几个场景的对比，将不同的人生选择以及由
此带来的人民对他们的不同评价，揭示得非常深刻，不仅将一位
伟人的形象"抬举"出来，表达了热情的赞赏之情，对反动派们
进行了无情的批判。

　　还有语言方面的特点：朴素而简练，却意味浓厚，值得认
真品味、咀嚼。如"只要春风吹到的地方／到处是青青的野草"，
"骑在人民头上的，／人民把他摔垮"等句，可谓言简意赅，辞约

---

① 程翔等. 大单元·大概念·单篇教学［J］. 中学语文教学，2023（6）：6.
② 程翔等. 大单元·大概念·单篇教学［J］. 中学语文教学，2023（6）：10.

义丰。

对于《有的人——纪念鲁迅有感》的教学，就是要在把握现代诗所具有的基本特点的同时，重点学会和领悟诗人借助浅显易懂、明了晓畅的语言，表达深刻思想的写作艺术。

在对以上三篇课文分别进行单篇教学之后，思考以下问题：

1. 每篇课文都与鲁迅有关，选材的侧重点不同，文体、写法、语言等方面也有差异，如果你作为编者，请说说本单元选择这三篇文章的初衷与意图。

2. 通过本单元的学习，请为鲁迅先生写篇人物小传。

之所以提出以上问题，是出于由单篇教学打通单元整体教学，即由"这一篇"到"这一类"的路径，打破"单篇"到"类文"的壁垒，建立知识、能力整体关联的教学思想与理念来考虑的：问题1.着重领会因文体（《好的故事》《我的伯父鲁迅先生》是记叙文;《有的人——纪念鲁迅有感》是现代诗）、素材、表达方式的不同，写法也不同，因而，教学的重点、目标和解读的方法也不尽相同，对此，要教师与学生都应做到心知肚明。问题2.通过对本单元三篇文章的学习，加深对鲁迅先生的思想、精神、品质的全面知晓，激发学生热爱鲁迅、学习鲁迅、敬重鲁迅的思想感情，正如北师大任翔教授在《学习鲁迅是语文教师的"必修课"》一文指出的："鲁迅是语文教材选入作品最多（共12篇）的作家。鲁迅精心创作了中国文学现代化的经典，创造了独特的语言风格、丰富的文学形式和深邃的主题思想。他早已成为中国现代文学的一座高峰，其作品的价值正被人们越来越深刻地认知，鲁迅精神也越来越成为中华民族文化自信的重要支撑和动力源泉。百年来，无数青少年在语文课上读着鲁迅成长，鲁迅作品滋养了一代又一代中国人。中学语文教师要了解鲁迅，把握好鲁迅独树一帜的创作风格，积极引导学生读懂鲁迅，理解鲁迅深沉的爱、深刻的反省精神和无畏的批判勇气，使鲁迅精神薪火相传。""有着'民族魂'之誉的鲁迅，以思想家的理智、文学家的激情、革命家的敏锐，深刻地剖析了中国人，并进行了彻底的民族反省。在中国现代文学史上，还没有一位作家可与鲁迅相提并论，也没有人可以取代鲁迅。"

由此可见，读懂鲁迅，读懂鲁迅的作品与有关课文，掌握方法，提升学生的记叙文与现代诗歌阅读能力，是多么的必须与重要。在此基础上，对选入部编版的12篇课文进行分类学习，就会游刃有余，从容不迫。

教学七年级上册第五单元，不难发现这是由两篇现代文和一篇古文构成的，分别是郑振铎的《猫》、康拉德·劳伦兹的《动物笑谈》、蒲松龄的《狼》，是有关"人与动物"的主题单元。阅读这些文章，可以增进对人与自然关系的理解，加强对人类自我的理解和反思，形成尊重动物、善待生命的意识。同时，继续学习默读，做到边读边思考，勾画出重要语句或段落，并学做摘录，在把握段落大意、理清思路的基础上，学会概括文章的中心思想。

先看《动物笑谈》的单篇教学，结合课本"阅读提示"和本单元的教学要求，本文的教学目标设定为：

1. 了解课文内容，能够准确概括文章的主旨，体会本文生动幽默、调侃的语言风格。

2. 通过课文风趣的文字，感受作者专注、忘我的工作精神和极高的专业素养。

3. 爱护动物，学会和动物和谐相处。

教学的重、难点是：

默读文章，运用互评批注的方式，品味文章语言风趣幽默的特点，能够按要求独立做批注。

为达成以上教学目标和教学重难点，围绕以下的主要环节展开教学：

环节一：整体感知

1. 通过预习，借助思维导图（纲要信号图）理清文章结构，概括文章所要表达的主题。

2. 跳读（默读）课文，找出我在研究动物行为时，发生了哪些有趣的事。

学母水鸭的叫声；学大鹦鹉的叫声；大鹦鹉咬扣子；大鹦鹉缠毛线。

3. 文章主体部分分为观察水鸭子和饲养大鹦鹉两部分，各具体写了些什么？

观察水鸭子：水鸭子的疑问；认大白鸭为母；"我"成为母

亲；做母亲不容易；观光客的惊讶。

饲养大鹦鹉："我"解放了鹦鹉；鹦鹉对"我"很依恋；"我"喊回大鹦鹉；鹦鹉咬掉衣服扣子；鹦鹉把毛线缠在树上。

4. 默读课文，找出本文的中心句，并体会其作用。

中心句：在研究高等动物的行为时，常常会发生一些妙事，不过逗笑的主角常常不是动物，而是观察者自己。

作用：总括全文，表明文中逗笑的主角不是动物，而是观察者自己。"逗笑"全文的文眼，全文写了令人好笑的趣事。

环节二：探究文本

1. 仔细阅读课文，说说在水鸭子的实验中，看到了怎样的逗笑的情景，作者反复写这个逗笑的情景意图何在？

逗笑情景：一个有着一大把胡子的大男人，屈着膝，弯着腰，低着头在草地上爬着，一边不时回头偷看，一边大声地学着鸭子的叫声，而那些小鸭子却完全不露痕迹地藏在深深的草里。

反复描写的意图：写出了不明原委的人容易把我的行为视为怪诞或发疯的原因；运用夸张的手法，写出作者的行为总是令人发笑，增强了文章幽默风趣的效果；反复做实验，可以看出"我"对科学工作的专注、忘我的精神和极高的专业素养。

2. 作者是如何与动物们建立了非常亲密的关系的？请结合课文做具体说明。

小鸭出壳后，我学着母水鸭的叫声，不停地唤着它们。这些小鸭子就一点也不怕我，它们信任地望着我，挤成一堆，听任我用叫声把它们带走。我带着那群小鸭子在我们园里青青的草上又蹲、又爬、又叫地走着，和小鸭们打成一片，成为小鸭们的朋友。

3. 请分析艾顿堡的居民都把"我"当疯子的原因。

研究动物行为的科学家实验的方法怪诞不经，在和有高度智慧的鸟或哺乳动物打交道的时候，常常需要不顾自己的尊严。

4. 可可由"我"养后有什么变化，从这些变化中领悟了什么？

变化：饱受禁锢—想飞却又不敢飞—克服心理障碍—活泼而又神采奕奕。

领悟：表现出"我"对动物的尊重与爱，把它们视为平等的朋友，使它恢复了本来的面貌。

5. 从文中找出可可的"恶作剧"，面对这样的恶作剧作者态度如何，你认为"可可"做这些趣事的原因是什么，作者这样写的用意是？

恶作剧：把父亲衣服上的扣子全咬掉了，并且分类排放（表现了可可的可爱与聪明，让人忍俊不禁）；模仿母亲织毛衣的样子把毛线缠绕在柠檬树上（表现了可可的聪明）。

作者与"可可"的友好相处，使得"可可"与作者建立起了真诚的互信。

可可的恶作剧也反映了它和作者一家的关系很亲密，可可给一家人的生活增添了乐趣，描写出了人与动物和谐相处的画面。

6. 默读课文，涵泳以下句子的意蕴。

句子1：果然，这一次这些小鸭子一点也不怕我，它们信任地望着我，挤成一堆，听任我用叫声把它们带走。

意蕴：使用拟人的修辞，赋予小鸭子以人的灵性，写出了它们可爱的情状。

句子2："我四周的人一个个都像生了根似的定在那里"。

意蕴："生了根似的"运用比喻，写出人们对"我"的行为怪诞的惊异之情。

7. 请说说你从作者身上的发现与受到的启发。

发现：作者专注于动物行为研究，为了"探求真理"，不惜放下人类的"高贵身段"，与动物们打成一片。不明原委的人很容易把他的行为视为怪诞或发疯。

启发：科学工作者不但要承受科学研究的艰苦劳动，还要能忍受人们的误解，这是尤其难能可贵的地方。我们应该认识到科学工作的艰辛，认识到打破世俗观念需要极大的勇气。这一切需要热爱与爱心，洒脱与旷达的胸怀才能实现。

环节三：思考感悟

1. 从作者身上，我们学到了哪些与动物相处的方式？

亲近动物，才能取得动物的信任；了解动物的习性，才能和动物和谐相处；用童趣的眼光去看待动物，你会发现动物的美。

2. 为了探求真理，作者不惜放下人类"高贵的身段"与动物打成一片，这说明了什么？

作者的科学态度与精神：作者热爱自己的事业并对此具有忘我的精神，献身精神，专注于科学研究。

3. 请谈谈学习本文后的收获。

动物是人类的朋友，我们要关爱动物，尊重它们，保护它们，与它们和谐相处；劳伦兹观察动物的行为，启示我们无论干什么事，都要全身心地投入；我们要养成善于观察的习惯。只有仔细观察，积极思考，才能认识我们周围的世界，丰富我们的头脑，开阔我们的眼界。

4. 主旨概括

本文通过讲述自己做小鸭子的母亲以及与大皇冠鹦鹉可可之间发生的快乐与尴尬的事情，表现了科学工作者专注、忘我的精神和极高的专业素养。

5. 写法借鉴

采用第一人称叙事，增强了真实性；在描绘动物时，作者使用了侧面衬托的手法；准确说明动物的生活习性，给读者介绍有趣的科学知识；语言生动，富有幽默风趣色彩。

环节四：总结拓展

这篇课文语言生动活泼、诙谐幽默的科学小品文，介绍了作者在观察水鸭子和鹦鹉等动物行为时发生的笑谈故事，表现了作者对生命的尊重和热爱，引发人们对动物的关爱和对人类自身行为的思考：任何艺术化的表现形式，都不能描述生命的真实与感动。

通过以上各环节的有效落实和逐步推进，对《动物笑谈》一文有了深入的、精准的理解，尽管教学过程具有挑战性，师生深感收获的快乐，"能够准确深入理解一个单篇是很不容易的事情，单篇课文大多文质兼美，堪称中华瑰宝。虽为单篇，然语言精美、内涵丰富、思想深刻，历久弥新。《孔雀东南飞》与《木兰诗》虽为单篇，却被誉为'乐府双璧'；……《阿Q正传》虽为单篇，莫言却说他所有作品加起来无法与之相比。以上作品皆为教材中单篇，然师生未必通达，恐怕连'水过地皮湿'也没有做到"①，由此看来，切实处理好单篇教学是何等重要！

《动物笑谈》教学任务较好地达成，也为《猫》《狼》的教学提供了教学流程上的参考与借鉴。

依照《猫》的教学要求，设定以下教学流程：

1. 教学目标：了解文中三只猫不同特点和各异命运；学会依据关键词语体会作者感情与把握文章中心。

2. 用简明的语言概括全文内容。

全文用第一人称叙述了"我家"三次养猫的经历，从中表现出作者快乐、辛酸、愤恨、悔恨等不同的感受。

---

① 程翔等.大单元·大概念·单篇教学［J］.中学语文教学，2023（6）：10.

3. 重点句子理解。

自此，我家永不养猫。

这句话与文章开头遥相呼应，在结构上形成了首尾呼应的特点，总结全文。

4. 表达与运用。

请你以"我"的口吻为第三只猫写一段哀悼性的文字，表达"我"的忏悔之情。

言之成理即可。

5. 写法特色探究。

请谈谈本文采用第一人称的叙述方式写作的精妙之所在。

作品中的"我"是三只猫的主人，他喜欢前两只猫，厌恶第三只猫；他既是前两只猫悲剧的目击者，又是第三只猫悲剧的制造者。这样，作者可以极自然地利用"我"在文章中的地位，借"我"之口，抒发作者的真情实感，揭示作品的主题思想，引起读者共鸣，收到强烈的艺术效果。

之所以通过以上五个步骤来教学本文，是为了学生学习类似的文章提供基本的支架：在教学目标的统领下，对一篇文章的主要内容知晓的前提下，能够抓住重要句子加以理解，再对所学文章进行拓展延伸，学生能够学以致用，最后对文章所运用的表达方式给予探讨。这样，一篇文章的精要之处应该是"各个击破"了，达到了单篇教与学的目的。

对于《狼》这篇经典文言文，与前面两篇文章的教学有相

同也有差异,不妨借助这样几个问题来统领:

1. 参考课本注释,能够准确概括文章主要内容吗?

2. 课文主要写了屠户与狼斗智斗勇的经过,其间经历了哪几次交锋?

3. 文中动作、神态、心理等描写突出,你能够找出并作简析吗?

4. 文章共五段,指出各段采用了什么表达方式?

5. 如果用原文概括文章的主旨,应该是哪一句?

6. 说说这个故事告诉我们怎样的道理?

以上是教学《狼》这个单篇文言文的主要设计,可以说,依然"教出单篇的经典性。很多单篇课文都是传世经典,一篇作品就构成一座高峰……如何教出作品的经典性,这是摆在老师们面前的重要课题"[1],需要我们进一步探索与实践。

综上所述,本单元三篇"人与动物"的主题文章,很容易得出这样的"交集",体现出语文教学的核心素养:

1. 阅读文本,能够用简明的语言概括出重要内容。

2. 对主要情节和关键句能够梳理清楚和正确评析。

3. 对文章的表达方式能够知其然与知其所以然。

4. 学习文本之后,能够把握主旨,领会文章要传达的道理或意旨。

---

① 何郁.摆正新课改下单篇教学在语文教学中的位置 [J].教育家,2023（7）:32.

因此，"单篇教学时要注意关联单元教学内容，关联单元人文主题和单元核心素养，甚至还要关联单篇与单篇之间的关系"。①

如果每个单元整体教学能够达成以上教学的主要目标、任务，并归结出共性的东西来，学习其他主题的文章，都可以如法炮制，屡试不爽，包括八、九年级的每个单篇与单元整体教学的内容。

正如北京一零一中学语文教师、特级教师、国家"万人计划"教学名师程翔老师在《单篇教学不过时》一文所说："语文教师专业发展有一个基本点，就是具备对单篇文本精准解读的能力，具备独立处理教材的能力。"(《中国教育报》2023-04-14)，这就提醒和要求我们语文教师，要深刻领会和紧跟新课标的理念和步伐，在"双新"背景下，不断修炼和提升单篇教学的水平和能力，在此基础上，着力搞好单元整体教学，进而正确认识和处理好单篇教学与单元整体教学的关系，努力做到既见"树木"，又见"森林"，只有这样，才能架起单篇教学与单元整体教学的通道，让语文教学事半功倍，提质增效。

请看笔者在课题研究之初执教的《松鼠》一文实施的简案、思路：

---

① 何郁.摆正新课改下单篇教学在语文教学中的位置［J］.教育家，2023（7）：33.

松　鼠

教学目标

1. 运用"纲要信号图",整体把握文章主要内容。

2. 了解文艺性说明文的基本特点,体会本文语言的准确、生动性,激发阅读说明文的兴趣。

3. 懂得关心周围事物、细致观察事物对了解事物特点的重要性。

教学过程

教学环节	教师活动预设	学生活动预设	设计意图
出示《辞海》对松鼠的介绍,与课文进行比较异同,导入新课。	《辞海》中对松鼠是这样说明的:"松鼠亦称'灰鼠',哺乳纲,松鼠科。体长20—28厘米。尾蓬松,长16—24厘米。体毛灰色、暗褐色或赤褐色。腹面白色。冬季耳有毛簇,林栖;用树叶、草苔筑巢,或利用鸦、雀的废巢。嗜食松子、胡桃等果实,有时食昆虫和鸟卵……年产1—4窝,每产5—10仔。分布于我国东北至西北,以及欧洲各地。毛皮可制衣,尾毛可制笔。"	参与比较活动。	通过比较,带着问题学习,效果更好。

教学环节	教师活动预设	学生活动预设	设计意图
根据对课文的阅读,画出并展示"纲要信号图"。	整体把握文章主要内容。	熟读课文,画出"纲要信号图"。	整体理解、概括课文内容。
根据"纲要信号图",具体沉浸文本,学习课文内容。	要求学生自读课文,根据文本内容和学生所画"纲要信号图",探究课文用词与辞海用词上的差异。	自读课文,思考课文是如何用准确、生动的语言说明松鼠的外形、习性、性格特征的?与辞海进行比较,通过朗读、复述、置换等方式探究说明文用词的准确、生动性。	把辞海的表述与课文中对松鼠的描述作对比,在比较中造成学生的认知冲突,在比较中为学生提供更多思维训练的机会,从而更深地体会本文语言的准确、生动性。
领悟学法	在学生讨论交流的基础上总结学法:细致观察、选用词语的准确生动对写好小动物的重要性。	通过比较、讨论,领悟到写动物类的说明文应注意哪些方面。	动物类说明文的学法指导。
知识迁移	请同学们抓住特征,用准确、生动的语言片段描述一种自己熟悉、喜爱的动物。	发言准备,交流点评。	训练学生口头表达能力。

教学环节	教师活动预设	学生活动预设	设计意图
布置作业	描述一种自己熟悉、喜爱的动物。	完成作业。	学以致用，学习困难生通过课堂交流点评，提供写作素材，降低写作难度；优秀学生通过训练，进一步提高书面表达能力。

本节课，就是借助"纲要信号图"，建立整体建构知识体系的思想和意识，整体知悉文章主要内容，在此基础上，对文章用词的精准、说明方法的恰当运用等内容加以学习，并通过作业对所学知识进行巩固和迁移、运用，达成学以致用的目标，形成解决具体问题的能力。

请看《语文学科素养导向的"教—学—评一致性"的设计与实施》一文的实践研究成果：

语文学科素养导向的
"教—学—评一致性"的设计与实施

摘 要 语文学科素养导向的"教—学—评一致性"的设计与实施，是贯彻和落实新课标的必然选择与应有之义。本文正是基于语文新课标的思想与理念，从"学习者形象是什么""教什么""学什么""怎么学""学到什么程度"

等五个维度的设计与实施，来具体阐释语文学科素养导
向的"教—学—评—致性"的设计与实施，探索教学评
的路径与策略，给出意见和建议。

关键词 学科素养 教与学的变革 教学评一致性 设计与实施

2022版义务教育课程方案和课程标准，将"教—学—评一
体化"提升到了前所未有的高度和重要位置，因为，只有做到
"教—学—评—致性"，才能将语文学科素养由新课标落实到新课
堂，也只有真正落实好"教—学—评—致性"，才能把语文学科素
养切实落地。更为主要的是，"教—学—评"一致性就是："学习
目标、学习过程和评价之间的相互配合，这是课程转化的关键。"①
从而达成以"评"导"教"，以"评"促"教"，以"评"助"学"
的教学目的。同时，新修订的义务教育课程标准的核心内容系统
回答了"学习者形象是什么""教什么""学什么""怎么学""学
到什么程度"等问题。为"教—学—评"一致性的实践提供了重
要指导和引领。②对于语文学科来说，同样应该以此为遵循。

下面，就从"学习者形象是什么""教什么""学什么""怎
么学""学到什么程度"等五个维度的设计与实施，具体加以阐
释语文学科素养导向的"教—学—评—致性"的设计与实施。

一、"学习者形象是什么"

"新课标中呈现的学习者形象，其主要表现为这门课程要培

---

①② 雷浩.新课标：以教学评一致为切入口［N］.光明日报，2022-11-29.

养具有什么核心素养的学生，以及不同学段学生核心素养有哪些具体表现。"①结合"义务教育语文课程培养的核心素养，是学生在积极的语文实践活动中积累、建构并在真实的语言运用情境中表现出来的，是文化自信和语言运用、思维能力、审美创造的综合体现。"②的针对性目标，来达成语文学科"学习者形象"的要求。

以九年级语文《我的叔叔于勒》教学为例，在教学过程中，设计以下几个问题：

（一）对本文所要表达的主题，班级同学持有如下不同看法：1.资本主义社会赤裸裸的金钱关系；2.金钱社会扭曲人性；3.亲情的冷漠与人性的变异。对此，请结合文本内容，谈谈你的观点。

（二）在不改变小说主题的前提下，以文中某个人物的视角，发表对《我的叔叔于勒》中典型事件的看法。

（三）对于勒，应该同情或是不该同情，请给出理由，做到言之有据。

以上问题，就是基于语文学科核心素养展开设计与实施思考的。其中的第一个问题，紧扣"思维的发散与扩展"这一核心素养，因为，要精准回答该问题，不仅对全文内容有充分认

---

① 雷浩.新课标：以教学评一致为切入口［N］.光明日报，2022-11-29.
② 中华人民共和国教育部.义务教育语文课程标准（2022年版）［S］.北京：北京师范大学出版社，2022：4.

知，更要运用发散思维，对问题进行辨析和聚焦，以便做出理性选择。

对于第二个问题，则暗合了"语言的建构与运用"的核心素养，原因在于：能够结合文中的情节，进行有理有据地分析、阐释，因此，离不开对文本内容的咀嚼、品味，才能以简明扼要的语言概括和表达出来。

再来看第三个问题，这个问题，带有思辨色彩，是对思维能力中逻辑思维、辩证思维和创造思维的具体运用，因而本题直指语文学科核心素养之"思维的发展和进阶""文化的传承与反思"，毕竟，这样的开放性问题，需要调动思维、文化、反思等元素加以思考、提炼和萃取。

所以，通过以上几个问题的设计与实施，就非常契合"学习者形象"这一教学要求。

二、"教什么"

"教什么"，彰显出教育教学内容的确立、选取和设计、基本原则，正如孔子所说："不愤不启，不悱不发"通俗地说就是：不到他努力想弄明白而得不到的程度不要去开导他；不到他心里明白却不能完善表达出来的程度不要去启发他。即只有学生不会、不懂的内容、知识才教，自己教过而重复的内容不教，人云亦云的内容不教，没有独到、新颖的见解与主张不教。只有这样，才能够实现教与学的内容最大化。

以八年级语文《愚公移山》教学为例，来说明应该"教什么"。

《愚公移山》是一篇故事情节清晰、人物形象鲜明、主旨显豁突出的文言文，重要、难解的字词，课本都有注释，有的是之前已经学过、积累过的，不需要教，而对于以下内容则一定要教：1.对比、衬托手法的妙用；2."智叟"不"智"，"愚公"不"愚"的原因分析；3.文章具有的当代意义和价值，或变式：编者之所以选编本文的用意分析；4.学习本文后的思考与启发，漫谈与交流。

确立以上几个问题，通过教学，能够达成教学目标，则本文的整体教学任务就能够顺利达成。道理很简单，能够解答好这几个关键问题，必然对本文的主要内容有了清晰的认知和深刻的理解，否则，不可能圆满地给出令人信服的回答。

三、"学什么"

毋庸置疑，"学什么"与"教什么"紧密关联。诚如《礼记·学记》（《书·说命下》）所说："斅学半。"意思是教与学各占一半。如果说"教什么"突出教学内容的确立，那么，相应的，"学什么"则主要指学习内容的确立和选择。教师一旦按照新课标、新教材和学情确立语文学科应有的"核心素养"教学目标和重难点，就要在课堂教学中依据学情，为教学搭建必要、适切、实用、便捷的支架，为学生所学内容提供条件、奠定基础、保驾护航，从而有效地助推学生学得会、学得好，走向应有的学科素养目标的达成。

以七年级语文整本书阅读《西游记》教学为例，来阐释

"学什么"。

学生对《西游记》的故事情节、人物刻画等,借助电视剧和日常的阅读、谈论……大多都耳熟能详,因此,没有必要用很多时间在细节上,而是要走向深度的学习,即透过现象读懂人物背后作者想要传递的意图和要义。有鉴于此,可以围绕以下几个问题,提纲挈领地达成《西游记》整本书的阅读目标:

1. 用简明扼要的语言向同学、老师、家人、邻里等介绍整本书的内容,约 100 字。

2. 分别用 60 字左右,为主要人物孙悟空、猪八戒、唐僧、沙和尚写小传,要求能够突出各自人物的显著特点。

3. 联系生活、学习实际,谈谈你想成为《西游记》中哪类人或哪个人?并简述缘由。

4. 读了《西游记》,你感触最深的是什么,有了怎样的获益和启迪?

之所以用以上问题来确立《西游记》整本书的阅读,是基于这样的思考:

问题 1:旨在对整本书主要内容熟练阅读的基础上,用自己的语言加以表达,这就是课标中核心素养之"语言运用"的体现,在介绍中,增进"正确、规范运用语言文字的意识和能力,能在具体语言情境中有效交流沟通"[①]。

_____

① 中华人民共和国教育部. 义务教育语文课程标准(2022 年版)[S]. 北京:北京师范大学出版社,2022:5.

问题2：如果说问题1是对《西游记》整本书"面"上的理解与掌握，那么问题2则是"点"上的突破——为书中重要人物"画像"，而要能够个性鲜明地"画出"不同人物的"具象"，则一定要对书中人物所关联的人和事有充分、全面的知晓、筛选和提炼，再用富有个性化的语言进行表达。这就直指语文学科核心素养之"语言表达"和"文化自信"——"认同中华文化，对中华文化的生命力有坚定信心……通过语文学习，热爱国家通用语言文字，热爱中华文化，继承和弘扬中华优秀传统文化"[①] 与"思维能力"——"学生在语文学习过程中的……分析比较、归纳判断等认知表现"[②]，可以说，这一问题，是综合性的，扣合了语文核心素养四大方面中的三大方面。

问题3：与语文学科核心素养中"语言运用"和"审美创造"直接相关，要想成为《西游记》中哪类人或哪个人，必然是学生喜爱、具有优秀品质的人，要获得这样的认知，学生无疑要"通过感受、理解、欣赏、评价语言文字及作品，获得较为丰富的审美经验，具有初步的感受美、发现美和运用语言文字表现美、创造美的能力；涵养高雅情趣，具备健康的审美意识和正确的审美观念"。[③]

可见，本问题将生活、学习与作品和学生感受等有机统一起来，从而走向"语言运用"和"审美创造"。

---

①②③ 中华人民共和国教育部.义务教育语文课程标准（2022年版）[S].北京：北京师范大学出版社，2022：4，5，5.

问题4：这是对整本书阅读后思想、情感、认识、感悟等高阶思维的升华，与语文核心素养中的四大方面都有关联，因为，要正确回答好这一问题，四大核心素养都需要具备——感触最深，受到的获益与启迪，是对整本书的内容、人物个性特点、作品要传递的主题等紧密相连。正如新课标指出的那样："核心素养的四个方面是一个整体。语言是重要的交际工具和思维工具，语言发展的过程也是思维发展的过程，二者相互促进。语言文字及作品是重要的审美对象，语言学习与运用也是培养审美能力和提升审美品位的重要途径。语言文字既是文化的载体，又是文化的重要组成部分，学习语言文字的过程也是学生文化积淀与发展的过程。在语文课程中，学生的思维能力、审美创造、文化自信都以语言运用为基础，并在学生个体语言经验发展过程中得以实现。"[①]

这就是笔者对"学什么"的实践探索，从中可以窥斑见豹。

四、"怎么学"

新课标要求："增强课程实施的情境性和实践性，促进学习方式变革，义务教育语文课程实施从学生语文生活实际出发，创设丰富多样的学习情境，设计富有挑战性的学习任务，激发学生的好奇心、想象力、求知欲，促进学生自主、合作、探究学习。"[②] 由此可见，新课标对"怎么学"提出了具体的要求，就

---

①② 中华人民共和国教育部. 义务教育语文课程标准（2022 年版）[S]. 北京：北京师范大学出版社，2022：5，3.

是对学习方式进行变革。关键词就是从"生活实际出发""创设学习情境""促进学生自主、合作、探究学习"。为了落实这样的目标要求，请看下面的课例：

以六年级语文《书戴嵩画牛》这篇文言文教学为例，来说明"怎么学"。

1. 杜处士晾画时，为什么一个牧童面对这样一幅珍品竟"拊掌大笑"，根源在哪里，如何避免这种情况的发生？

2. 文末引用古语"耕当问奴，织当问婢"的用意何在？

3. 阅读本文，给你带来怎样的启发、指导和感悟。

文言文的教学，首先要结合课本的注释，以及对文言文实词、虚词和句式等基础知识积累的前提下，教学要设计出两个左右的纲领性的核心问题作为统摄全文的"纲"，并为学生搭建学习的支架，指导和点拨学生知道如何更好地学，从而能够从容不迫地突破学习内容的重、难点。

以上三个问题就是出于这样的思考设计的。

问题1：有三问，这三问都是环环相扣、层层递进的，能够回答第一问，那么第二、第三问就会迎刃而解。牧童"拊掌大笑"，是因为画错在"掉尾而斗"。原因在于与现实生活不符，要想规避这样的错误出现，就必须做生活的有心人，日常要留意生活，观察生活，再通过绘画、文字等来提炼生活，反映真实生活。这无疑是扣合了新课标"从学生语文生活实际出发，创设丰富多样的学习情境"的目标要求。

问题 2：篇末之所以引用古语"耕当问奴，织当问婢"是要突出"实践出真知"的道理。要准确解答这个问题，不仅要依据文本，更要具备"思维能力"中的"敏捷性、深刻性、批判性"①能力。

问题 3：是对整篇文章学习后的拓展和延伸，要联系学生的生活、学习实际，谈出自己独特的收获、所得和思考，故事短小精悍，发人深省，启迪智慧，能够用以指导自己今后的学习、生活和工作。同时告诉人们，凡事都应认真、细致地观察，绝不可凭空想象，主观臆断，也不能迷信权威，而要尊重客观事实。

对每篇文章，每个单元的学习，如果能够沿着以上的思路和原则展开，应该能够很好地解决"怎么学"的难题与困惑。

五、"学到什么程度"

这其实就是新课标的学业质量的评价问题。义务教育语文课程标准（2022 年版）指出："义务教育语文课程评价要有利于促进学生学习，改进教师教学，全面落实语文课程目标。课程评价应准确反映学生的语文学习水平和学习状况，注重考察学生的语言文字运用能力、思维过程、审美情趣和价值立场，关注学生学习过程和学习进步。"为了清晰、明了地论证"学到什么程度"，现以语文七年级名著阅读《西游记》为例，加以展开、解说。

你所在班级的班主任兼语文教师为了拓宽语文学习平台、

---

① 中华人民共和国教育部. 义务教育语文课程标准（2022 年版）［S］. 北京：北京师范大学出版社，2022：5.

载体和时空，以及加强班级师生、家校互动，建立了班级微信公众号。上周一，班级微信公众号刊发了《西游记》整本书阅读的内容，其中的主要人物有唐僧、孙悟空、猪八戒、沙和尚等。对这几个人物的主要优点与缺点等方面作了简要介绍，要求家长、同学都可以就其中一位发表针对性的"见解"。假如是你，将选择哪一位，你的见解会如何撰写与表达呢？

班级微信公众号一经推出，就受到学生、家长的热情响应，对唐僧、孙悟空、猪八戒、沙和尚、白龙马等人物的见解都有涉及。

下面撷取的是几位同学的见解和观点：

唐僧

优点：心地善良，信仰坚定，有理想追求、到西天取经不畏艰险、勇往直前，义无反顾。无论遇到多少困难，也不管外界有多少诱惑，从来没有动摇过。

缺点：是非不分，盲目慈悲，慈悲到了糊涂的境地。又固执迂腐，显得懦弱无能。

孙悟空

优点：聪明、活泼，勇敢、忠诚，疾恶如仇，是机智与勇敢的化身，是有着强烈叛逆精神的顶天立地的英雄。他神通广大、机智勇敢，独立不羁、任个性张扬、追求自由、反抗一切权威。

缺点：性情急躁、好胜心强，喜欢搞恶作剧，心高气傲。

猪八戒

优点：憨厚老实，既勤劳、朴实、善良、有本领，也敢与妖魔作斗争，是孙悟空第一得力助手，不忘取经大义，是取经路上不可或缺的人物。

缺点：好吃懒做，好占小便宜，好女色，怕困难，常常要打退堂鼓，有时爱撒个谎，又自私狡黠、贪图小利；既心胸狭窄，一事当先，先顾自身。勇敢中带着怯懦，憨厚中带着奸滑。

沙和尚

优点：坚持原则、循规蹈矩、一本正经、埋头苦干、默默无闻，忍辱负重、顾全大局，恩怨分明、诚实不欺，执着事业、信念坚定，关键时刻不失义胆侠肠。他也是取经人中一个不可缺少的角色，是粘合剂，又是调和剂。

缺点：木讷、没有主见、循规蹈矩、明哲保身。

借助以上的形式来评价，既基于整本书的阅读，更超越整本书的局限，需要学生对整本书主要内容，尤其是书中重要人物的全面知晓，整体把握，才能回答得有理有据，重点突出，思路分明。尽管这样的评价形式对学生是很大的挑战，但更符合新课标所倡导的大概念、大问题、大单元、大任务的教学思想和要求，学生感到耳目一新，能够充分体现和彰显学生思维的敏捷性、灵活性，以及勇于探索创新，养成积极思考的习惯。

这样的评价，促进学生学习方式发生转型，也需要教师真正改变教学方式和方法，以语文学科核心素养为导向，将评价伴随语文学习的始终。因为，"语文课程评价包括过程性评价和终结性评价。过程性评价贯串语文学习全过程，终结性评价包括学业水平考试和过程性评价的综合结果"。[1] 对此,我们要牢记心间,落实到课堂教学中。

在新课标的背景下,语文学科素养导向的"教—学—评—致性"的设计与实施,需要我们一线教师在不断领会新课标精神、实质的基础上,不断探索、实践和反思,任重而道远,惟其如此,才能将新课标的理念转变为课堂教学的真实情境和实效,语文学科素养导向的"教—学—评—致性"才能真实发生。

《语文学科素养导向的"教—学—评—致性"的设计与实施》一文,从教—学—评一致性、一体化的视角,探索、实践和提炼了课堂整体教学的策略与路径。

还有写作方面的尝试,请看下面笔者执教研讨课的《如何写好中考记叙文的开头与结尾》这个课例:

如何写好中考记叙文的开头与结尾

【教学目标】

在整体构思一篇文章的同时,学习写好记叙文的开头与结尾的基本方法。

【教学重点与难点】

明确开头与结尾在一篇文章中的重要作用,并写好开头与结尾。

---

[1] 中华人民共和国教育部.义务教育语文课程标准(2022年版)[S].北京:北京师范大学出版社,2022:46.

【教学时数】一课时

【教学用具】多媒体课件

【教学过程】

一、导入新课

对于一篇文章来说,各部分的大体比重是:

开头:25%

主体:65%

结尾:10%

可见,开头与结尾是一篇文章的有机组成部分,写好开头与结尾对一篇文章来说,重要性不言而喻。

二、新授内容

(一)写好开头的重要性

从开头与结尾所占的比分来看,在很大程度上决定着文章的优劣和得分,毕竟,开头与结尾对任何一篇文章来说,都是不可或缺的,一定要格外关注和用心写好。

(二)写好开头的方法

教师:请比较下面的开头,哪个更好(更喜欢)!

第一种:盼望着,盼望着,东风来了,春天的脚步近了。(《春》)

第二种:春天来了,田野一片生机,万木萌发,欣欣向荣。孩子们在草坪上玩耍,老人们走出家门,在散步、交谈,呼吸春天的气息,享受美好生活。(《写给春天》)

学生：第一种。

教师：开头，字数尽量不超过三行，即使只有一行也很好，拒绝"大头作文"。

语言简约而不简单，破空而来（绝尘而去；来得突然、给人惊喜），倨傲〔jù ào，本义是形容（人）高傲自大、傲慢的样子。〕醒目，让人耳目一新。

教师：关于开头，明朝诗人谢榛说："起句当如爆竹，骤响易彻。"强调了开篇应以爆竹骤响之势震彻全文。可见。文章的开头是相当重要的。考场作文的开头讲究简洁、优美、扣题，如何利用开头在浩瀚文海中脱颖而出呢？

1. 设置悬念，引人入胜

"那只羚羊哪儿去啦？"妈妈突然问我。（《羚羊木雕》）

唉，老师安排我和她坐在一起，她可是我班最有个性的学生啊！（《同桌》）

教师：请看下面文字，概括出写法。

我的心愿是做个助人为乐的人。（《心愿》）

我的生日礼物是一个不同寻常的画笔。（《我的生日礼物》）

学生：开宗明义，扣合文题。

教师：概括得很准确，这就是：

2. 开宗明义，扣合文题

如朱自清的《背影》的开头："我与父亲不相见已二年余了，我最不能忘记的是他的背影。"

3. 描绘景物，营造氛围

窗外，鸟语花香，一派热闹的场景，尤其是那悠扬而美丽的琴声，令人陶醉驻足、流连和向往。(《那悠扬而美丽的琴声》)

教师：请说说这样开头的好处。

学生：语言优美，能够吸引读者阅读兴趣。

教师："一切景语皆情语"，写景，一定要与你所要表达的思想感情相一致。

再看下面文字，给这种写法命名，并说出作用。

雨果说："比陆地宽广的是海洋，比海洋宽广的是天空，比天空宽广的是人的胸怀。"(《宽广的胸怀》)

朱自清先生在文章中写道："吃饭时，时间从碗边流走；喝水时，时间随水流走；睡觉时，时间又从脚边流走，这摸不着，抓不住的时间呵，它无声地来又匆匆地远走"。懂得珍惜，人生就会精彩。(《懂得珍惜》)

学生：引用。能够增强权威性和说服力。

教师：是的，同时，可以增添语言美和表现力。因此，这种写法可以称之为：

4. 恰当引用，增添文采

教师：请同学结合自己的学习与写作实际，想想还有什么样的写法？

学生：恰当使用修辞，如《安塞腰鼓》中排比、拟人、比喻等多种修辞手法的综合运用，就增添了文采，令人记忆深刻。

教师：概括得非常精准，这就是：

5. 使用修辞，扮靓语言

请看下面例子，说说是如何借助修辞，让语言"靓"起来的。

嘿，同学好，我叫粉笔，每天陪伴老师和学生，每天在黑板上不停耕耘和无私付出。你们可不要小瞧我啊，我的存在很重要呢！（《我叫粉笔》）

学生回答，教师总结。

教师：请每位学员，运用以上五种写法中的一种或几种，以《我不后悔》为题，写开头。

学生 1：直到今天，我依然觉得那件事做得对，我不后悔。

学生 2：……

教师：以上我们重点学习了开头的写法，下面，再来看看如何结尾。

（三）写好结尾的必要性

教师：俗话说："编筐编篓，全在收口。"恰当的结尾，一定会为文章增光添彩，熠熠生辉。

（四）写好结尾的策略

1. 照应开头，首尾圆合

这一天，我会铭记。因为，我在全市中学生编程大赛中取得了优异成绩。（《记住这一天》）

教师：请解析这个开头有何特点？

学生：首尾呼应。

教师：赞同你的观点，再次强调该生不会忘记这一天的原因。

请看下面几篇文章的结尾，仿照上述句式，用八个字概括出具体技法。

孩子是可以批评的，孩子是可以责怪的，但孩子是不可以欺骗的，欺骗是最深重的伤害。(《一千张糖纸》)

"我们要全心全意默默地开花，以花来证明自己的存在。"(《百合花开》)

清贫，洁白朴素的生活，正是我们革命者能够战胜许多困难的地方!(《清贫》)

学生：卒章显志，深化主题。

教师：非常准确。说明你已经读懂了这几句话的表达方式与意义。

2. 富有哲理，给人启迪

结尾：相信总有一天误会能变成一朵美丽的花，因为它由理解来浇灌!(《理解》)

（开头：理解，是情感的纽带；理解，是心有灵犀的默契。）

结尾：让我们张开理想之帆，破浪前行。

请全体学员朗读，感悟写法与表达的哲理、主题。回顾一下，学过的有关课文也是这样结尾的，将课内与课外知识有机结合起来。

3. 引用佳句，相映成趣

这种写法，在开头也常用。但一定要注意：引用要恰当。

明日歌中说:"明日复明日,明日何其多,我生待明日,万事成蹉跎……"我们要今天事今天做,努力做时间的主人,自己的主宰。

这位考生的引用,就恰到好处,能够为文章赢得读者的青睐,值得学习。

4. 议论抒情,画龙点睛

其实宁静就是那么简单,一个浅浅的微笑,一句贴心的话语,一颗能包含一切的心灵,足以使一张紧绷的脸松弛开来,让笑容在人们脸上轻轻地绽开,那笑容就如徜徉在天边的云朵,轻轻地点缀着那片蔚蓝的天,清新而自然。(《从天空想到的》)

请就这篇文章的结尾,谈谈你的理解。

学生:运用简明的语言,起到画龙点睛的作用。

教师:这段文字以优美的文字抒发真实情感,可圈可点。

5. 情景交融,言近旨远

雨停了,太阳正在向我们展开笑脸,我与同学之间的隔阂也烟消云散了。(《雨中品读》)

教师:哪位同学来主动说说你对这个结尾的看法。

学生:语言富有言外之意,让我们读后,能够领会作者这样表达的意图。

教师:有道理,作者通过景物烘托,暗示了同学之间情感隔阂的不复存在,情景合一,含蓄隽永。

6. 呼唤美好,发出号召

让我们行动起来吧,献出我们的爱心,让人世间变得更美好。

读了以上文字,你有何感想?

学生:文字具有很强的鼓动性,让我们的心灵受到非常大的震撼。

教师:是啊,考场作文就应该这样,给人以鼓舞和启迪。

以上我们着重学习了如何写好中考记叙文的开头与结尾的几种方法,当然,还有其他的方法,可以在写作中探索、实验、运用和总结。希望能够运用以上方法,写出"凤头"与"豹尾"的优秀之作。

三、教学小结

1. 写作时,首段应简洁独特(即主题、观点鲜明),开篇气象不凡。

正如清代戏剧理论家李渔说:"开卷之初,当以奇句夺目,使人一见而惊,不敢弃去,此一法也。终篇之际,当以媚语摄魂,使之执笔流连,若难遽别,此一法也。"

简言之,就是:第一段要夺目,最后一段要勾魂。

用力打造好精彩段——开头、结尾(中间段),异彩纷呈,令人叹为观止。

2. 洞悉阅卷者的心理历程。

一般来说,阅卷者的心理历程是这样的(总分60):

嗯,开篇立意、中心不错,应值48分;

中间原来更好,52分也可以;

最后竟然还能写得这么精彩,不行,必须给56分!

如是,何愁你的文章不能获得理想高分?

3. 怎样才能燃烧阅卷者的打分欲望?

精彩段的用心"打造"与"经营"。

考场作文得高分甚至满分的最大秘诀是什么?

答案是——征服阅卷老师!

　　超出他的知识面!

　　超出他的心理承受力!

　　让他的心脏受不了,让他血压飙升!

四、作业布置

以《难忘那一天》为题写作,使用本节课讲到的、其中的一到两种方法,分别写开头与结尾,让你的开头与结尾,为整篇文章增光添彩。

教学反思:本节课,教学容量较大,超出了备课时的预期。好在,学生兴趣盎然,较好地达成了教学目标,课后与部分学生交流,都认为方法适切,收获很大。

正高级专家许老师的评价:作文教学,历来是难点与重点,许多教师在这方面做了大量研究与实践,总结出富有方便、实用、有效的教学方法和策略,为初中的作文教学带来了新活力、新气象、新突破。今天的这节课就是这样,执教教师积累了三十五年的作文教学经验,为我们呈现了一节朴实却又非常实用的作文课,通过开头与结尾的教学,整体上建构记叙文写作的知识框架，帮助学生搭建写作的支架，实用性很强，效果显著。我想，这就是"双新"背景下，应该追求的作文教学的境界与目标吧。

三、研究项目的终结

在课题前期实践研究的基础上，把所思、所想、所做、所悟形成文字，以报告的形式呈现出来，实事求是地撰写出本课题的终结性报告，以便对其他同行有所启发和借鉴。

第二节 | 周密设计各阶段的任务

一、前期准备工作

1. 2020 年 12 月—2021 年 3 月：前期准备工作——听取专家报告，发动师生，查找资料，初步研究。

2. 2021 年 4 月—2021 年 11 月：申报立项并开展实质性的初期实践研究。

3. 2021 年 12 月—2022 年 8 月：进行课题的大面积的实施研究，完成初步的课题研究成果报告。

二、最终完成时间、最终成果形式

1. 2022 年 9 月—2023 年 10 月：进一步推进课题研究，对课题形成的初步成果进行补充、完善。

2. 2022 年 11 月—2023 年 10 月：以课题论文结题报告的形式结题。

按照以上步骤与时间节点，扎实、稳步地推进，促使课题研究不断向纵深发展，迈上新台阶。

第三节 | 课例与案例和论文相结合

一、明确自主学习规范，掌握自主学习工具

（一）把握自学规范，促进学生提高学习效率

不言而喻，学生的自学活动不仅发生在课堂上，课下也不例外，根据问卷与访谈，发现无论是课上还是课下的学生自学，大多有效率不高、积极性偏低的情况。因为，学生的自学能力有个循序渐进的过程，不可能一蹴而就。课堂上的自学活动应是在教师的指导下习得的，所以，教师要适时点拨和培养，以便学生形成自学能力。

我们在研究本课题之前，就邀请了上海师范大学师资培训中心的一名博士老师为我们作了《基于整体建构的主体教学》的专题辅导报告，学习了有关理论、文章等，对整体建构的理论、意义、价值、实施等方方面面进行了深入、详实的解读，使课题组的教师对课题研究都有了比较全面的认识与理解，进而为具体操作提供了抓手。

这位博士老师指出，为了提高学生自学的效率与能力，教师在指导自学时一定要做到四个明确：明确时间（用几分钟），明确内容（学习教材的第几页），明确方法（在自学时要运用什么

方法），明确要求（在自学时要思考哪些问题，准备教师检查），只有做到了四明确，学生才能高效率的学习，才能真正养成自学的良好习惯，提高自学能力。

下面以课题组顾老师的《只有一个地球》教学为例，来具体说明。

只有一个地球

一、教学目标

1. 阅读全文，正确掌握本课词语，理解"遨游""枯竭"等词语的意思。

2. 依据纲要信号图，理清文脉，了解地球的有关知识，懂得"只有一个地球"的道理，从而珍爱地球，善待地球。

3. 增强学生收集整理材料的能力，具备查找资料补充课文内容的能力。

二、教学重点、难点

依据纲要信号图，理清文脉，了解地球的有关知识，懂得"只有一个地球"的道理，教育学生要珍爱地球，善待地球。

三、教学过程

（一）谜语导入，明确目标

1. 同学们，谜语是我国一种经典的文字游戏，已经有一千多年的历史，这节课我们先来猜个谜语，谜面是［投影出示］："不用发动日夜转，春夏秋冬自己变，每天能行八万

里，满载人类千千万。"（评：一猜就准。）[板书：地球]

2.[投影出示地球图]这就是咱们脚下的地球，关于地球，你知道些什么？（提醒世界地球日：4月22日）

3. 小结：同学们知道得真多。今天学的课文题目，不是"地球"，而是"只有一个地球"[板书：只有一个]，这是为什么呢？读了课文，我们就能全面解开这个谜。

4.[投影出示学习目标](1)学习利用纲要信号图来理清文章思路，懂得"只有一个地球"的道理。(2)通过读读、议议，课内外资料的交流，了解课文所表达的主旨。

（二）初读课文，整体感知

1. 师：同学们，跟随老师一起去看看我们美丽的家园地球吧！[投影出示地球图]这个水蓝色的星球就是我们的地球。宇航员在太空中看到地球后发表了怎样的感慨？课文是从哪几个方面说明"只有一个地球"的？

2. 交流：根据信号图懂得：

"只有一个地球"的道理。

（三）整体分析，点拨升华

1. 细读地球的"可爱"部分，了解地球的外观。用学习符号标出课文哪些地方写出了地球的"可爱"。

2. 交流：指名读议课文句子。

（1）想一想，从外观看地球与其他的星球有什么不同？它的显著特点是什么？着重理解"蓝色和白色的纹痕""水蓝色

"纱衣'"等语句。(蓝色的为水,白色的是陆地,"纱衣"指的是大气层。水和大气层是别的星球没有的,也是地球区别于其他星球的最显著的特点。)

(2)理解"人类的母亲""生命的摇篮"句。(只有地球才能孕育生命,人类才能生存。)

(3)理解能把有限的资源无私的奉献给人们这就是地球最大的慷慨。

3. 是啊,茫茫宇宙,只有地球对人类是慷慨无私的,他像母亲一样为我们提供了温暖舒适的生活环境。在我们的心中,他永远都是那样的美丽壮观,可亲可爱。(齐读相关句子)

4. 地球的容易破碎又表现在哪些地方呢?

(1)地球的渺小。

重点句:但是,地球又是一个半径只有6300多公里的星球,在群星璀璨的宇宙中,就像一叶扁舟。(同时指导"扁"的多音字)

地球表面的面积是5.1亿平方公里,而人类生活的陆地大约占其中的五分之一。

指导朗读。(朗读表现出地球的渺小)

(2)资源有限。具体表现如何呢?

A. 完成填空:

地球拥有的自然资源是有限的。地下埋藏的(   ),

如果人们没有节制的开采，最多开采二三百年就没有了。人类生活所需要的（　　　　）、（　　　　）、（　　　　　）、大气资源，由于人们随意毁坏自然资源，……如果不顾后果地滥用化学品，就会造成一系列（　　　　）。

大家通过练习，了解到我们地球上的资源是有限的。这个练习也告诉了我们一个写作的方法：我们想要阐明自己的观点，可以采用举实例的方法。

B. 我们的地球的资源是有限的，她却依然在遭受着破坏。课前老师让大家收集了有关生态环境遭受破坏的资料。请你根据自己收集的图片、资料，讲解我们的地球遭受了怎样的灾难？（生说）

C. 老师也收集了有关的资料。想看看人类给地球造成的灾难吗？（见课件展示）

被染成红色的小河；黑色的水上漂着人们丢弃的垃圾；满是泥沙的浑浊的河流；被砍光树干后留下的树桩；被无情猎杀的藏羚羊；黑烟侵蚀着蔚蓝的天空；人们日夜不停的滥挖矿山……；

同学们，看着这些令人触目惊心的图片，我仿佛看到地球在哭泣，因为我知道：（媒体出示相关句），此时，你有什么想说的？

D. 地球这个孕育着亿万生灵的神奇母亲，我们只有保护她。那是因为——（见课件展示）

（3）无法移居

（比较句子）科学家已经证明，在以地球为中心的40万亿千米的范围内，没有适合人类居住的第二个星球。

（学生齐读）有什么不对吗？学生找出问题，少了"至少"二字。

科学家已经证明，至少在以地球为中心的40万亿千米的范围内，没有适合人类居住的第二个星球。

学生对比着进行朗读，培养学生的语感。

5. 同学们，我们只有一个地球！但我们可亲的地球妈妈，我们的家园正在遭受着无情破坏——这个水蓝色的星球太可爱了，同时又太容易破碎了，她需要我们一起去精心保护她。

（1）请同学们带着对地球母亲的一片爱心，齐读最后一个自然段。

（2）同学们，我们只有一个地球，请你们根据对课文的理解，动笔写写保护地球的宣传语吧！

（3）交流

（四）全文小结

（1）回应课题，说说课题为什么叫"只有一个地球"。

（2）小结：作为一名小学生，作为国家未来的建设者，我们应该从现在开始、从自己做起，为保护地球母亲做贡献，让我们的家园的天空更蓝，空气更清新，清清的河水鱼虾欢畅，处处山清水秀、鸟语花香。

（五）拓展延伸

1. 根据课外学习资料，根据提示画出纲要信号图进行交流。

2. 作业超市：

（1）阅读《环境教育》《自然》；上网浏览"绿色中华环境保护网""中国环境保护网""绿色地球村""中国环保网"，了解环境保护的知识。

（2）写一首《地球，我们的家园》诗歌。

板书：

$$
只有一个地球
\begin{cases}
可爱 \Longrightarrow 范围很小 \\
破碎
\begin{cases}
资源有限 \\
无法移居
\end{cases}
\end{cases}
$$

补充材料

自然之道

一天傍晚，在一个海岛上，我和七位旅行者由一位当地年轻人做向导，沿着白色的沙滩前进。当时，我们正在寻找太平洋绿色海龟孵卵的巢穴。

小海龟大多在四五月份时出世，然后拼命地爬向大海，否则就会被空中的捕食者逮去做美餐。黄昏时，如果年幼的海龟们准备逃走,就会先有一只海龟钻出沙面来,做一番侦察,试探一下如果它的兄弟姐妹们跟着出来是否安全。

我恰好碰到一个很大的、碗形的巢穴。一只小海龟正把它的灰脑袋伸出沙面约有半英尺。当我的伙伴聚过来时,我们听到身后的灌木丛中发出瑟瑟的声响,只见一只反舌鸟飞了过来。反舌鸟一步一步走进巢穴开口处,开始用嘴啄那小海龟的脑袋,企图把它拖到沙滩上面来。伙伴们一个个紧张得连呼吸都加重了。

"你们干吗无动于衷!"一个人喊道。

向导用手压住他的嘴唇,说:"这是自然之道。"

"我不能坐在这儿看着这种事情发生!"一位和善的美国人提出了抗议。

我们的争吵把那只反舌鸟给惊跑了。那位向导极不情愿地把小海龟从洞中拉了出来,帮助它向大海爬去。

随后发生的一切使我们每个人都惊呆了。不单单是那只获救的小海龟急急忙忙地奔向安全的大海,无数的幼龟由于收到一个错误的安全信号,都从巢穴中涌了出来,涉水向那高高的潮头奔去。

我们的所作所为简直是愚蠢透了。小海龟不仅由于错误的信号而大量的涌出洞穴,而且它们这种疯狂的冲刺为时过早。黄昏时仍有余光,因此,它们无法躲避空中那些急不可耐的捕食者。

刹那间,空中就布满了惊喜万分的军舰鸟、海鹅和海鸥。一对秃鹰瞪大眼睛降落在海滩上，越来越多的反舌鸟急切地追逐着它们那在海滩上拼命涉水爬行的"晚餐"。

"噢，上帝！"我听到身后一个人叫道，"我们都干了些什么？"对小海龟的屠杀正在紧张地进行着。年轻的向导为了弥补这违背自己初衷的恶果，抓起一顶垒球帽，把小海龟装在帽子里，费力地走进海水里，把小海龟放掉，然后拼命地挥动手中的帽子，驱赶那一群一群的海鸟。

屠杀之后，空中满是刽子手饱餐后的庆贺声。此时所能看到的只是潮水冲击着的空荡荡的白色沙滩。大家垂头丧气地沿着沙滩缓缓而行。这帮过于富有人情味的人此时变得沉默了。这肃静也许包含着一种沉思。

思考：（1）小海龟们成了军舰鸟、海鹅、海鸥、秃鹰、反舌鸟的"晚餐"，造成这样情景的原因是什么？（2）这帮过于富有人情味的人此时变得沉默了。这肃静也许包含着一种沉思。这沉思中包含着什么？

根据指示画出纲要图：

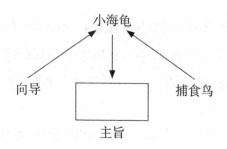

从以上教案来看，就基本做到了"四明确"：明确时间——
40分钟教学完本文；明确内容——学习教材的第35课；明确方
法——在自学时要运用"整体建构"之"纲要信号图"的方法；
明确要求——在自学时要思考的几个关键问题：课文题目，不
是"地球"，而是"只有一个地球"，这是为什么呢？宇航员在太
空中看到地球后发表了怎样的感慨？课文是从哪几个方面说明
"只有一个地球"的？

需要特别指出的是，在"明确要求"的时候，教师对问题的
设计一定不能够很多，最好是围绕课文主旨，提纲挈领地提出一
个"牵一发而动全身"的"大"问题，再围绕这一"大"的问题
发散出若干小问题，层层推进。问题最多不超过3个。否则，就
抓不住重点，成了"满堂问"却没有大的收效。

（二）掌握自学工具，能够激发学生学习兴趣

所谓自学工具，就是让学生掌握一些"纲要信号"图表，以
理清教材结构和解决主要问题。"纲要信号"图表教学法由苏联
人沙塔洛夫首创。纲要信号图表是一种由字母、单词、数据或其
他"信号"组成的直观性很强的教学辅助工具。它通过各种"信
号"，简明扼要地把所需掌握的知识表示出来。沙氏的纲要信号
图表一般是用于教师的课堂讲授之中，利于发挥学生的联想能力
和现实记忆能力，并提高学生的逻辑思维能力和概括能力，从而
使学生更好地掌握知识，加快教学进程。

在课堂教学实践中，不仅仅要求将"纲要信号图表"用于

课堂讲课之中,同时要求把纲要信号图表引入到学生的自学中去。具体做法是,不管哪门学科,教师要求学生在自学时(尤其是预习教材内容时)根据教材内容画"纲要信号图",如知识树、线状图、网状图等,把一节课的主要内容用树形图勾画出来。

在这个过程中,学生的自主性会充分调动起来。学生在完成纲要信号图的过程中,就构建了知识的整体,同时能提出自己不理解的问题,带着纲要信号图与相关的问题走入课堂。纲要信号图的作用不但有利于学生建立起对一节课知识的整体认识,而且大到一个单元、一册书以及整个学段或一门学科的整体概念都可慢慢建立起来。学生在这个过程中,既培养了自主学习的习惯,也找到了学习的方法,建立起了知识的整体概念,而不是孤立地学习一篇课文或一节教材。

在课题研究起步阶段,我们全校统一印发了、人手一本的"整体建构"之"纲要信号图"使用手册。以便记录师生在课题研究过程中的"原始资料",有利于回望与比较。

为了说明"掌握自学工具,能够激发学生学习兴趣"这一问题,请看笔者执教的补充文本《你是我的辞典》:

你是我的辞典

一、教学目标

1. 运用"纲要信号图"理清文章结构,了解本文"双线式结构"的特点。

2. 学习用日常小事来展示人物精神世界的写法。

3. 通过圈画、品味人物的神态、语言描写，把握人物的主要性格特征。

4. 学习主人公乐观积极、开朗自信的品格。

二、教学重点

通过圈画、品味人物描写的词句，把握人物形象。

三、教学难点

体会课题的深刻含义，理解课文的主旨。

四、教学用具

多媒体课件。

课时安排：1 课时

五、布置预习

给生字词注音、释义；熟读课文，理清作者思路，概括文章主要内容。

六、教学过程

（一）导入新课

不知道同学们还有没有印象，在上学期，我们在一次的阅读训练中读过这样的一篇文章——《我的哑巴父亲》：因为作者有一个哑巴父亲，小伙伴们就耻笑她，这让她觉得父亲是自己的耻辱，因此，起初她讨厌自己的父亲甚至怨恨父亲。在那篇文章中弹奏了一曲由恨到爱的感人旋律，今天我们将要学习的课文再次接触到一个哑巴父亲——本杰明，他又将和女儿演绎出怎样的一

段故事呢?(出示课题——父亲与女儿的画面)

(二)速读课文,思考问题

1. 检查预习:

装潢　　　洋溢　　　弥补　　　鄙视

耻辱　　　嵌　　　戳　　　烟消云散

(出示以上字、词)

2. 概括文章主要内容:

(1)学生回答后出示——(女儿——父亲——学习语言;父亲——女儿——启迪人生。 文章是双线结构,一条是明线:父亲以我为师,学习语言;一条是暗线:我以父亲为师,学习"真正的、活生生的、强有力的语言"。)

(2)文章是通过哪些日常事件来说明女儿是父亲学习语言的"活词典"、父亲是女儿启迪人生的"活词典"的? 即本文主要写了"我"与父亲的哪几件事?

(第7—21节:"我"给父亲打电话时,意外地听到别人喊他哑巴,我非常愤怒;而爸爸则心地善良,能够容忍一切;他决心坚持每天学习新单词,提高语言能力。)(父亲学语言的原因)

第22—27节:"我"每天教父亲学语言,父亲教会了我提问的艺术。(互相学习)

第28—32节:"我"发奋努力,父亲改变主意不让我上大学,后又支持。(一场风波)

（3）除此以外，课文还写了哪些内容？

（第1—6节：父亲是聋哑人，性格开朗乐观。）（介绍父亲的特点）

第33—42节：我的大学生活非常愉快，我勤奋努力，成为学院里最优秀的学生。（学习的收获）

（三）再读课文，揭示课题

思考：题目"你是我的辞典"中的"我""你"各自指代的对象我们已经明确，请从文中找出依据。

（女儿是父亲的辞典：第20节"露丝，你就是我的老师，我的活字典"。

父亲是女儿的辞典：第26节"他教会了我提问的艺术"。第42节"是父亲激励着我克服了学习上的种种困难；是他教会了我如何观察、思考问题；是他那无声的言语，教我学会了真正的、活生生的、强有力的语言"——学习的方法、生活的信念。）

（四）品味课文，分析人物

（父女两人是彼此的辞典，那么，这部辞典里都写了些什么？

女儿这部辞典的内容有：教父亲说话、女儿自己勤奋努力、爱父亲。父亲这部辞典的内容：教会女儿学习、生活。乐观、宽容。）

（通过圈画、品味人物描写的重要词句，把握人物形象）

可从下面几个问题引入：

1. 女儿是父亲的辞典，那么女儿教会了父亲什么？

女儿教会了父亲说话。（40）

2. 在教父亲说话的过程中，可以看出女儿是个怎样的人？

女儿勤奋努力（　　　　　　　）、爱父亲（19）。

明确：女儿这部辞典的内容有：教父亲说话、女儿自己勤奋努力、爱父亲。

3. 父亲是女儿的辞典，那么父亲教会了女儿什么？

父亲教会了女儿提问的艺术。（26）

4. 父亲又是个怎样的人？

父亲乐观（1、18、41）、宽容（16、18）、忍辱负重（18）、爱女儿（20）。

明确：父亲这部辞典的内容：教会女儿学习、生活及乐观、宽容。

小结（由上面的分析中，我们可以体会到，题目是一语双关，它有两层含义，一方面是指女儿是父亲的辞典，女儿教了父亲学会了说话。另一方面是指父亲是女儿的辞典，父亲教了女儿学习、生活。即学习上要善于思考、善于提问、要勤奋努力，坚持执着；在生活中，要乐观面对逆境，笑对生活；在为人处世上，要宽容。父亲以自己的实际行动，深深地感染了、影响了女儿。而他们之间的深情也让人感动。）

（五）探究质疑，把握主旨

（朗读课文最后一节，想一想，这一节的作用是什么？

最后一段的作用是点明辞典含义，突出中心。

最后一段中，无声的言语、真正的、强有力的语言是指什么？

无声的言语、真正的、强有力的语言指面对逆境时积极乐观、开朗自信，笑对人生的生活态度；为人处世要能够坚持、能够宽容。）

（六）结合实际，拓展延伸

（请说说本杰明一家对待困苦的态度给了你怎样的启示？笑对生活；在挫折中要奋起前进；一家人要互相扶持、同舟共济等。）

（七）归纳总结，引发启示

（通过本课的学习，我们看到了这样两个形象：父亲本杰明从小失聪，但乐观坚强、善良宽容。女儿露丝在父亲的影响下，勤奋好学，学有所成。一家人互相关爱，互相扶持，这种父女间浓浓的深情让人动容。他们的生活尽管困苦，却充满了欢声笑语，这种笑对生活的态度，也值得我们所有人学习。

父爱如山，这山苍翠无声；父爱似海，这海博大深沉。在《你是我的辞典》这篇文章中那位本爸爸，他用特有的无声语言教给了女儿真正的、活生生的语言；他用自己无声的爱给孩子一副做人的样子，给我们每位读者一份沉甸甸的感怀和思考。

"你是我的辞典"！天下的父亲，不正是儿女们的无声辞典吗？同为儿女的我们是该用心翻阅父亲这本辞典了！此时此刻，那部辞典早已不再是他们父女俩的了，"他们"已经成为我们的人生辞典，通过本文的学习。我们坚信同学们一定会带着"辞典"成为"辞典"！——努力吧，同学们！）

（八）巩固训练，能力迁移

生活中无处不存在学问，到处都有辞典。请用比喻句式，以＿＿＿＿＿＿＿是我的辞典，它（他、她）让我学会了＿＿＿＿＿＿＿造句。

示例：

母亲，生活准则的辞典。每当我遇到困难时母亲就会教我如何去面对，去克服。当我受委屈时母亲会为我擦干眼泪。平时总是谆谆教导我要努力学习。

老师，知识的辞典。我们的一生是在不断的学习中度过的，然而老师是我们人生中最重要的人之一。老师带领我们走进了知识的殿堂，让我们学会学习，学会做人。

朋友，快乐辞典。在我们心灵受创伤时，朋友的安慰与陪伴是最好的疗伤药。朋友的陪伴，让我感到快乐、开心。

（九）布置作业，巩固练习

1. 收集 3 个以上面对逆境的名言或小故事。

2. 选择文中的一位人物写 200 字左右简单的人物分析。

附《你是我的辞典》原文

你是我的辞典

露丝·辛德拉斯基

只要父亲一回到家里，家里就立刻充满了欢笑。他高大英俊，浓密卷曲的黑发下是一双黑亮的、时时刻刻洋溢着笑意的大眼睛。他在一家室内装潢厂工作，他的指甲缝里常常嵌着填沙发用的棉绒。

父亲名叫本杰明，然而没有人这么称呼他。在家里我叫他本爸爸，周围的人叫他本尼。

因为父母都失聪，我是在两个不同的世界里长大的——家里的无声世界和外面的有声世界，所以我非常熟悉"寂静"的手势语言。

妈妈生来就聋，父亲两岁时得了脑膜炎，当他快到上学年龄时，他的听觉完全消失了。

他本来是个很聪明的孩子，但他的智慧被病魔锁住了。孩子们已开始学习语言了，他却与声音隔绝开来，听不见，自然也说不出。随着时间的推移，他的其他器官变得越来越敏锐了，但这并不能弥补小时候没有学过语言的缺陷。他不能读书。对他来说，那一行行、一段段的文字实在是太难了，学习书面语言比张嘴学说话要困难几倍。

尽管如此，爸爸却从不悲观，他总是把困难转变成幽默。"我们应该笑对生活。"他常说，"这样，艰难困苦也会变得轻松愉快。"不过，我真正开始理解爸爸，却是通过一天晚上的一件事情。

那天晚上，妈妈给我一枚硬币，让我去给还在厂里上班的爸爸打个电话。我来到电话亭接通了电话。

"我想给辛德拉斯基先生带个口信。"我对接电话的人说。

"我不认识什么辛德拉斯基先生。"那人不耐烦地回答。

"他的名字叫本杰明,他是我爸爸。"

"听着,小丫头,我忙得很,没工夫跟你闹着玩。"

"他是聋子。"我解释道。

"噢,你是说那个哑巴呀,你怎么不早说呢?"

我记不清他接下来说了些什么,"哑巴"这两个字占据了我的整个心灵。尽管我早就听人说过聋子必定是哑巴,但我的父母只是聋,他们并不哑,他们会说话呀!

第二天,我问父亲:"你为什么允许厂里的人喊你哑巴?"

他耸耸肩说:"这样他们更容易记得我。"

我简直被激怒了。"你不是哑巴,你是一个非常聪明的人。告诉他们,你的名字叫本杰明。"

他淡淡地笑了笑:"我知道我不是哑巴,这就足够了。"爸爸就是这样一个人,他能够容忍别人以鄙视的口吻喊他哑巴;他能够容忍别人粗鲁地用手指戳他的背;他把自己锁在他的寂静世界里,自我满足。但是我不能!

哑巴!这可恶的字眼!我用棍子在地上写,又用脚狠狠地擦掉;我把它写在纸上,又撕成碎片,丢得远远的,以发泄我心中的愤怒。

爸爸看出了我的愤怒。"不要着急,"他对我说,"我会坚持每天学习新单词,提高我的语言能力的。露丝,你就是我的老师,我的活字典。"

我拥抱了他。

从那一刻起，一直积压在我心中的愤怒和耻辱便烟消云散了。我下决心不让任何人再叫爸爸哑巴了。我每天钻研字典，研究句子，然后再一字一句地教他。他学而不厌，我百教不烦，因为我们的思想已完全融化在学习的海洋中了。

是父亲激发了我对学习的渴望。

有一天，他把椅子拉到我面前，打着手势对我说："我告诉你，语言是活生生的，就像一个人，一条河，总是在不断地变化，永远也不能说你懂得了语言。"他理解语言比我更深一层，这是从他内心深处跳出的音符。

爸爸对所学一切都力求弄懂弄通，每当有疑问时，他总是说："再去问问老师，一定要弄清楚。"

爸爸所追求的，是学习的过程，而不是学习的结果。他教会了我提问的艺术。如果我不能理解老师的回答，父亲就认为是我提问的方式不对。"换种方式再问，"他说，"你应该确信，老师总是比你懂得多。"

因此，我在语言交际方面变得越来越成熟老练了。我不断地向老师提问，直到把所学的每一个细节都弄得清清楚楚。我掌握了课堂上所学的一切，并且毫无保留地教给了父亲。

可是有一天，父亲突然改变了主意。他说女孩子上大学没什么用，他一生劳累，非常辛苦，我应该去找份工作以维持家庭生活。

我怔怔地望着他，因为我不理解他肩负的家庭重担。我想大声呼喊："我要上大学！"却一句话也说不出来，扭转身跑了，到我的好朋友朱丽叶家待了一整天。

晚上，妈妈来找我。我对她说："爸爸根本不理解我，我要学习，我想当一名教师。"

她打着手势对我说："我们回去向他解释。他已经感到后悔了。"

我们正沿大街慢慢走着时，父亲走了过来，他打着手势，极其庄重地对我说："不要对爸爸生气。我爱你，我的女儿。你可以去上大学，我跟你一起学，你继续教我。"

每次回家，父亲总是问我："你今天向教授提什么问题了？"

一天下午，我兴高采烈地从学院奔回家。"妈妈，"我打着手势对她说，"我获奖了，我获得了金奖。"

妈妈拉过我的手，激动万分地说："这些年来你勤奋学习，终于取得了成就，我为你感到骄傲。"她捧着我的脸亲吻了我。

正在这时，爸爸开门进来了。妈妈抑制不住内心的喜悦，急忙把他拉进卧室："本，我有好消息让你大吃一惊。"

"我把大衣脱了再说。"

"等等，我先告诉你，露丝获得了金奖。"

我插嘴说："这是授予学院最优秀的学生的。"

爸爸把我拉到他的身边，双手按着我的肩膀，一字一顿地发出沙哑的声音："我亲爱的女儿露丝，爸爸向你表示祝贺。"

我们都大笑起来。"现在我可以脱掉大衣了，"他说，"拿酒来，我们好好庆贺一下。"

我一下子感悟到：是父亲激励着我克服了学习上的种种困难，教会了我如何观察、思考问题，是他教我学会了真正的、活生生的、强有力的语言！

二、整体入手学习教材，培养整体思维习惯

（一）人的认知规律决定教学的整体观

通过查阅资料知道：现代心理学的研究成果表明，人的知觉具有三个特点，其中之一就是整体性。人类这种"整体—部分—整体"的认识规律反映在教学上，就要求教师形成教学的整体观并以此指导课堂教学的开展——引导学生先整体感知和理解教材，然后再深入学习关键部分，先解决主要矛盾，后解决次要矛盾。

现在，以《在"五性"统领下的教学——语文跨学科学习例谈》为例，来说明如何依照"整体—部分—整体"的认识规律展开语文跨学科学习。

"五性"统领下的教学
——语文跨学科学习例谈

摘 要 语文跨学科学习，是新课标中"2个拓展型学习任务群"之一。既然是拓展型学习任务群，它就具有自身的特点，

因而，本文从"五性"的视角，结合部编教材的具体内容，进行了探索与实践，展开例说与阐释，以期对语文跨学科学习有所启发和建议。

关键词 "五性"统领　语文跨学科学习　课例阐释教学

随着《义务教育语文课程标准（2022年版）》的颁布和实施，语文跨学科学习越来越受到语文教师的重视，学生也因此喜爱上了语文跨学科学习，因为，这样的学习不仅增强了人文性、工具性和情境性、综合性、实践性，也能够彰显学生具有的美术、音乐、地理、历史、信息技术等学科特长与综合素养的提升，学习经历更加难忘，学习效率能够进一步提高。

语文跨学科学习属于"拓展型学习任务群"，[①]"本学习任务群旨在引导学生在语文实践活动中，联结课堂内外、学校内外，拓宽语文学习和运用领域"，[②]正是基于这样的认识，在开展语文跨学科学习时，有着语文学科的自身特点。

一、显著的综合性

现以七年级《卖油翁》教学为例，说明语文跨学科学习。

在整体教学文本，熟练把握《卖油翁》全文内容的基础上，设计以下问题，进行语文跨学科学习：

本文在写作上的显著特点就是人物神态描写栩栩如生，特

---

①② 中华人民共和国教育部.义务教育语文课程标准（2022年版）[S].北京：北京师范大学出版社，2022：20，34.

别是卖油翁酌油的动作刻画十分传神，请几组同学合作，分别通过课本剧表演的形式加以呈现，同时，借助信息技术，以短视频特写的方式，配上适当的音乐，剪辑后放到班级公众号上，供师生、家长、伙伴、亲友来学习、欣赏。

这一问题的设计，就具有综合性：1.用课本剧演绎其中精彩的片段，如神态描写："释担而立，睨之""微颔之""忿然曰""笑而遣之"，以及卖油翁酌油的动作刻画："乃取一葫芦置于地，以钱覆其口，徐以杓酌油沥之，自钱孔入"，这就是语文学科应有的"语言运用"和戏剧表演能力的表现；短视频制作与剪辑，则是信息技术赋能语文学习；配上音乐，则需要在精准理解所选文段意境的前提下，选取合适的音乐，以突出文本内容。

可见，要高质量完成这一学习任务，就要综合语文、音乐和信息技术等有关知识和技能。这正符合"在综合运用多学科知识发现问题、分析问题、解决问题的过程中，提高语言文字运用能力"[1]语文跨学科学习的目标要求。相信通过这样的教与学，效果一定不会差，并且，学生会学得轻松、愉悦、终生难忘。

正如一位王同学在学完这课后，在题为《刻骨铭心的语文课》一文中所写："在所有的课堂学习中，《卖油翁》令我难忘。在课上，我与同桌张同学分别饰演陈尧咨和卖油翁，可以说，我们的表演都很到位，分别把卖油翁的'睨之''微颔之''忿然

---

[1] 中华人民共和国教育部.义务教育语文课程标准（2022年版）[S].北京：北京师范大学出版社，2022：34.

曰''笑而遣之'的神情仪态和酌油的'取''置''覆''酌油沥之''自钱孔入'等动作表演得栩栩如生，惟妙惟肖，不仅我们难以忘怀，也得到了老师、同学、家长和亲友的一致赞扬，这样的学习，不仅受益匪浅，并且我们乐此不疲，记忆犹新。"

二、鲜明的情境性

下面以八年级《安塞腰鼓》为例，来具体阐释语文跨学科学习所具有的这一特点。

《安塞腰鼓》一文，在修辞运用上，多用反复、排比、比喻等修辞手法；在句式上，长短句相间，尤其是用短句和感叹句，来抒发作者对安塞腰鼓热烈的赞美之情，状写壮阔的场景，凸显了生命和力量的伟大与神奇，赞扬了黄土高原上的人们激荡的生命，磅礴的力量，表现出人们冲破束缚和阻碍的强烈愿望和美好期待，令人神往和喜爱。

有鉴于此，在教学中，不妨以问题链的方式，来展开跨学科教学。

1. 在阅读课文，感受安塞腰鼓雄壮、热烈、粗犷、彪悍的同时，如果你在现场，以一位兼职记者的身份，向班级同学转播安塞腰鼓这一活动盛况，你会如何绘声绘色地播报，给人以如临其境、如闻其声之感？可以结合、穿插安塞腰鼓的起源、发展来讲述。

2. 假如你是一名影视编导，要在2025年央视春晚上推介安塞腰鼓，请你借助多媒体与绘画技术，制作一个3—5分钟的小视频，再现和创新安塞腰鼓表演的场面，配上恰当的音乐，以便能够给亿万观众耳目一新之感。

问题1：正是印证了"文史"不分家的说法，是将语文学科的语言运用和语言表达，以及有关安塞腰鼓的历史知识，有机地结合与统一，才能声情并茂地达成转播的目标，这对学生的学习提出了很高要求，但也正因为这样，学生的能力与核心素养才会不断增强。

问题2：要完成本项任务，不仅要对全文深入理解，更要运用语文、历史、信息技术和音乐等学科知识，来高质量地表达安塞腰鼓的特征、气质和神韵，才能产生震慑人心的感动，震撼思想的力量。从而让观众零距离地感受到安塞腰鼓的魅力和美丽，情不自禁地喜爱上安塞腰鼓，跃跃欲试地亲身实操安塞腰鼓，摩拳擦掌地把玩安塞腰鼓。如是，就达到了本文的教与学的重要目标。

综上所述，借助以上问题链的设计与实施，语文、历史、音乐、信息技术的介入与融合，促使《安塞腰鼓》的跨学科学习走向深度与进阶，获得了非常好的教学成效。

三、突出的开放性

语文跨学科学习"要拓展学习资源，增强跨学科学习的综合性和开放性。充分利用图书馆、互联网、社区生活场景、文化场馆等，为学生开展跨学科学习提供必要的支持；也可以结合学

校和社区开展的文化活动进行语文跨学科学习"。^① 就是说，语
文跨学科学习，可以利用的场所、资源等广泛，生活的时时处处
都可以学习语文，正所谓"语文学习的外延与生活的外延相等"。

正是出于这样的学理思考，语文跨学科学习具有突出的开
放性。

不妨以九年级上册第一单元"尝试创作"为例来详细解说。

"尝试创作"是在教学毛泽东、艾青等六位名家作品之后展
开的诗歌创作。为了更好地达成本次"尝试创作"活动的教学目
标，在阅读课上，同学们走进学校图书馆；在信息课上和双休日
在家里，利用互联网，查找、学习诗歌创作的书籍、诗集、刊物
等，进一步了解和掌握诗歌创作的技法与技巧，并且，在与同学
日常交往中，留心身边同学的言行举止，为写作，包括诗歌创作
奠定基础，积累素材，提供源头活水。

其中，有位同学，在同桌好友生日即将到来之际，以《写给
你，我的同桌》为题，写了一首诗，将自己对同桌的美好祝愿与
殷切希冀表达出来。请看这首诗的片段：

与你结缘 / 是我的幸运 / 因为，你不仅成绩优异 / 还是运动
场上的健将

1000 米长跑 / 你独占鳌头 / 编程角逐中 / 你常常拔得头筹

你以助人为乐为乐 / 以全面发展为追求……

---

① 中华人民共和国教育部 . 义务教育语文课程标准（2022 年版）［S］. 北京：
北京师范大学出版社，2022：36.

你对我和其他同学的帮助 / 我们将铭记于心 / 并化作前行的力量

同桌 / 我的好同学 / 我愿与你携手并进 / 奔向美好

这位同学，就是根据平常与同学相处过程中的印象与感受，真实地反映了同桌的优秀品质与长处优势，可谓言为心声，得到同学们的认可与赞赏。需要特别指出的是，这位同学的诗歌创作，只要围绕"同学生日到来，送上祝福与希望"即可，没有其他限制条件，在写作时，任学生驰骋、发挥，空间不可谓不大，限制性小，开放性大。

语文跨学科学习要"围绕学科学习、社会生活中有意义的话题，开展阅读、梳理、探究、交流等活动，……提高语言文字运用能力"。[①]

可以说，本次"尝试创作"活动，就是在新课标这一理念指导下的成功实践。

四、缜密的计划性

按照"充分发挥跨学科学习的整体育人优势，增强跨学科学习的计划性和目标意识。根据不同学段学生生活的范围、学习兴趣和能力，精心选择学习主题和内容，组织、策划多样的学习活动。第一至第三学段以观察、记录、参观、体验为主，第四学段以设计、参与、调研、展示为主"[②]的要求，在六年级学习了梁

①② 中华人民共和国教育部.义务教育语文课程标准（2022 年版）[S].北京：北京师范大学出版社，2022：34，35.

衡《青山不老》这篇课文（主要讲述了老人为防止水土流失，在一片荒无人烟，穷山恶水之地，15 年如一日地上山植树造林，创造出一座堪称"了不起的奇迹"的青山）后，请同学们学习本文主人公改造山林、绿化家园，对环境做出的卓越贡献，通过观察、记录、参观、体验，对身边"在环境、安全、人口、资源、公共卫生等方面，选择感兴趣的社会热点问题，查找和阅读相关资料，记录重要内容"，[①] 利用一个月左右的时间，写一篇不少于 1000字的文章，讲述在环境或安全等方面突出的个人或集体。

上述的教学设计与实施，就充分体现出语文跨学科学习缜密的计划性与跨学科学习的整体育人优势。之所以这样说，是因为，在教学过程中，要瞻前顾后，做出统筹安排，促使单篇、短时间的教学内容与相对较长设计的学程紧密相连，统一起来，相辅相成，相得益彰。

学生通过观察、记录、参观、体验身边有关环境、安全、人口、资源、公共卫生等方面的人和事，既促成学生选择感兴趣的社会热点问题，又能够对此有自己的思考与体悟，是对自我的省察、教育与提升。请看一位李同学以《城市"美容师"》为题写作的片段：

张阿姨就住在我家所在楼栋的一楼，她自从 3 年前退休后，就承担起楼组长的职责，不仅义务看护楼层的安全与杂物、卫

---

① 中华人民共和国教育部 . 义务教育语文课程标准（2022 年版）[S]. 北京：北京师范大学出版社，2022：35.

生，还与另外隔壁楼的王奶奶一起，佩戴"公共卫生守护者"袖章，戴着手套，拿着捡拾垃圾的铁夹和塑料袋，基本上是每天上午和下午各 1 个小时，捡拾废弃垃圾，为我们生活环境做出无私奉献，深受我们的崇敬和爱戴。是我学习的榜样，今后，我也将为我们楼栋和小区的公共卫生做出自己的努力和贡献，做个名副其实的城市"美容师"。

李同学经过自己的观察、思考和感悟，懂得了生活中的真善美，进而明理悟道，进行自我教育，并见贤思齐，值得肯定。

可见，增强跨学科学习的计划性和目标意识，是多么重要，作用多么巨大。

五、研究的长程性

主要是指选择和确立专题，建立研究小组，利用日常学习时间和双休日、节假日，对专题进行 2—4 个月左右时间的学习与研究，并分享学习与研究成果。"围绕仁爱诚信、天下为公、和谐包容、精忠报国、英勇奋斗、自强不息、明礼守法，以及科学理性、艺术精神等，选择专题，组建小组，开展学习与研究，运用多种形式分享学习与研究成果。"[①] 为此，我们在九年级上学期学完《出师表》后，选择了"精忠报国"这一专题，结合之前初中阶段所学的有关这一主题的课文（包括现代文、古诗文），以及历史、思政、科学和数理化等学科相关的人物、事迹，同学 4 人为

① 中华人民共和国教育部.义务教育语文课程标准（2022 年版）[S].北京：北京师范大学出版社，2022：36.

一组，自行结对组合，推选出一位组长，负责本组的学习与研究活动。具体要求是：

1. 以表格的形式，梳理和呈现出这样的要素：人物姓名、朝代、性格特征、主要事迹与言行、历史地位与贡献、他们的共同点与不同点、你们组对他们的评价与感悟。

2. 紧密围绕"精忠报国"这一专题，以具体的事例，来阐释和佐证所搜集、整理、归结的代表性、典型性人物是如何"精忠报国"的，可以通过 PPT、视频和研究报告等不同形式，分享本组的学习与研究成果。

在随后的一段时间里，各组同学在组长的带领下，各自分工，各司其职，有计划、有步骤地着手任务的落实。

期间，各组同学对研究专题报告进行多次修改、完善，在组内预演、彩排，以便能够在全班展示、分享时吸引眼球，给人以眼前一亮之感。各组也确实做到了。下面是学习委员俞同学这组的研究成果分享的一部分：

在历史上，"精忠报国"的圣贤才俊不计其数，如辅佐刘备、刘禅的诸葛亮；岳母刺字的岳飞；以及霍去病、卫青、李广、文天祥等。他们都为当时的社会、国家和人民奉献智慧，殚精竭虑，出生入死，鞠躬尽瘁，做出了重大贡献。

正如我们耳熟能详的文天祥在《过零丁洋》中所写的那样："人生自古谁无死，留取丹心照汗青。"诗句气势磅礴，情调高亢，激励了后世众多为理想而奋斗的仁人志士。身为南宋末年政治家、文学家，民族英雄的文天祥，与陆秀夫、张世杰并称为"宋末三杰"。他在五坡岭被俘，被囚三年，屡经威逼利诱，仍誓死不屈。不久从容就义，终年四十七岁。明代时被追赐谥号"忠烈"。

文天祥坚贞不屈，精忠报国，为国捐躯的精神品质是我们学习的榜样，作为新时代的学生，应该奋发图强，学好本领，报效祖国，不负青春韶华，努力成为德智体美劳全面发展的人，为国家的繁荣富强做出应有的贡献。

这组同学与其他各组一样，分享采用视频、PPT、研究报告相结合的形式，效果非常好，获得了同学、老师的一致赞扬。

本次跨学科学习，涉及了语文、历史、思政、科学和数理化、信息技术等众多学科，对学生来说，也是前所未有的一次挑战，但收获也是巨大的，显见的。从各组的分享和之后本次专题研究撰写的心得体会中都有佐证。

"跨学科主题学习是《义务教育课程方案（2022 年版）》提出的一个新举措，各学科类课程必须拿出 10% 的课时来完成它。跨学科主题学习的设立，是在分科课程背景下实现课程综合性、实践性的一种积极稳妥的课程举措。"[1] 由此看来，开展语文跨学科主题学习与研究，是贯穿落实《义务教育课程方案（2022 年版）》的必然选择和硬性要求，我们不仅要按照课程方案提出的

---

[1] 郭华、袁媛.跨学科主题学习的基本类型及实施要点［J］.中小学管理，2023（5）.

标准，不折不扣地执行，同时，应该积极、主动地实践、探索和总结得失，以便做得更为扎实和有效。

总之，语文跨学科学习，"要引导学生在广阔的学习和生活情境中学语文、用语文，……着重培养学生综合运用多学科知识解决实际问题的能力"。① 这既是我们语文教师的使命担当，也是我们义不容辞的作为，惟其如此，才能不辜负"传道受业解惑"的光荣称号。

以上从"五性"的角度，阐述了语文跨学科学习的设计与实施，能够给读者以比较清晰的认识和感知。

下面请看另一位牛老师开设的《在柏林》课例，就比较好地体现了这一要求：

在柏林

一、教学设想

第四单元。该单元为小说单元。《在柏林》作为小说单元中的最后一篇，是自读课文。本文仅凭一节车厢上的一个不幸家庭的遭遇，以小见大地表现出战争的残酷以及带给人们的摧残，给读者的心灵带来了巨大的震撼。

六年级学生还不太具备阅读此类小说的情感体验，他们对

---

① 中华人民共和国教育部 . 义务教育语文课程标准（2022 年版）[S] . 北京：北京师范大学出版社，2022：36.

于文本的感知大多停留在阅读的最表层理解上。为了实现从表层
理解到深层理解、评价性理解的飞跃，我们需要借助一些媒介。
课本剧便是能实现这一飞跃的最佳媒介。

　　课本剧就是将文本（包括课内与课外读本）中那些故事情
节生动、集中的内容改编成剧本，然后组织学生进行表演与评价
的教学方式。借助戏剧方法与戏剧元素应用于教学中，让学生在
戏剧实践中达成教学目标。

　　这是六年级学生第一次接触小说这种文学体裁，小说具有
容量大，既深且广地反映社会生活这一特点。小说家可以站在一
定的时代高度，透射历史，通过纵横广阔的描绘，艺术地再现生
活，给人以深厚的历史感。这种厚重感，往往需要借助多样的手
法加以实现。小说的人物塑造、情节的展开以及环境的渲染也是
教学时需要关注的重点。基于此，我思虑再三，决定把这节课的
教学目标设定在感受人物，体会小说的主旨，学习小说写法这三
个方面。

　　课本剧由于立足于文本，通过对人物的挖掘，以读、写、演、
评四个环节实现前两个教学目标是水到渠成的。而对于写法的
学习，我们通常会采取以读促写，读写结合的教学模式。利用课
本剧创设情境的方式，增强学生对文本阅读的兴趣，从而进行写
作技巧的指导，最终通过写作训练进一步巩固。本节课我希望学
生能自主探究出小说独特的写法。为此我采用对比的方式，将学
生置于不同的剧本中，通过与原文进行比较研读，梳理小说的写

法,从而实现写作指导。

二、学情分析

六年级学生已经积累了一定的小说阅读经验,想要学习这样一篇有着断代感的小说,对于缺乏历史知识与感同身受能力的学生而言,是有一定难度的。

学生在此之前已经接触过课本剧,曾利用课本剧形式学习过《伯牙鼓琴》之类的文言文、《西江月·夜行黄沙道中》之类的古诗词。他们对这种教学形式非常感兴趣。课本剧能在文本与学生之间搭建起一座桥梁,创设情境帮助学生走进文本。许多同学可以写简单的剧本和自主排练课本剧,他们热爱课本剧。

三、教学目标

1. 借助课本剧的教学形式,整体感知课文内容,体悟人物形象。

2. 理解小说深刻的主旨,体会作者对于残酷战争的控诉。

3. 了解小说的表现手法,体会本文借助结尾留白、侧面描写以及层层铺垫形成的独特艺术效果。

四、课前准备

1. 阅读课文,结合文中出现的人物描写、环境描写做好批注。

2. 分小组编写剧本、排练。

3. 教师制作 PPT,指导学生表演。

五、教学过程

环节一：问题导入

同学们喜欢看小说吗？小说为什么会吸引你？

设计意图

以学生感兴趣的话题切入，激发学习兴趣，唤起学生情感体验。

环节二：表演点评

观看第一组表演，学生点评，进而分析人物形象。初步探讨以后，指导学生思考问题。

问题一：文章需不需要在老兵说话时加入肖像描写？

生：不需要，我们已经能从他的话语中体会到他内心的悲伤了。

生：他就算悲伤也不能表现出来，因为他是一个家庭的顶梁柱，他不能倒下。

师：文章虽然没有对这个年迈的老人进行具体的刻画，但是我们已经可以从他的这段独白中感受到他的内心。三个儿子在战争中丧生了，妻子神志不清，年迈的他还不得不奔赴战场。身后的家已不再是家，即将走上的战场意味着随时的死亡。他的人生已经毫无希望可言了。

问题二：老妇人真的疯了吗？

生：她如果疯了，那么她数数应该会一直数下去，可她每次数到三就结束了，说明她数的是她三个儿子，她只是精神崩溃了。

师：丧失爱子的伤痛以及所带来的精神上的崩溃已经彻底击垮了这个老妇人。

设计意图

学生借助表演与点评，营造情境，走进人物，自然而然能感受到老妇人的反常是源于失去三个儿子。她不是疯了，她只是精神崩溃了。虽然作者对于老兵的描写只有一处动作以及一段话语，但是通过同学们的演绎，已经能从语言描写的背后感受到人物内心的悲怆与绝望，从而以他们这个家庭的遭遇感受到"战争给人们带来精神上的摧残比肉体的摧残更致命"这一主旨。

环节三：对比归纳

学习小说的写作手法是本节课的一大难点，为了将课本剧营造的情境延续下去，我还是采用课本剧来实现这一目标。我们全班同学创编了三个不同的剧本，通过与原文的对比，指导学生探索发现。

（一）关于小说结尾的特点

请大家欣赏几位同学的表演，体会一下与原文相比有何不同？

老妇人　一，二，三……

老兵　（握住老妇人的手）我不在的时候，你要照顾好自己。

小女孩 A　你听，她又在数数了。

小女孩 B 哎哟这个疯女人。

［两人又笑了起来。］

老兵 （挺了挺身板）小姐，当我告诉你们这位可怜的夫人就是我的妻子时，你们大概不会再笑了。我们刚刚失去了三个儿子，他们是在战争中死去的。现在轮到我上前线了。走之前，我总得把他们的母亲送进疯人院啊！

［远处传来火车汽笛声。］

［老兵扶着老妇人正准备下车。］

［两个小女孩跟了上去。］

小女孩 A&B （鞠躬道歉）对不起，先生。

老兵 你们走吧，要好好活着，活着才有希望。

生：结尾不同。

师：你更喜欢哪一种结尾？

生：我觉得改编的结尾好，主动认错的两个小女孩给读者树立了正面的形象。

生：我喜欢课文的结尾，小说要能引发我们思考，适当的保留一些悬念能让我们有遐想的空间。

生：我喜欢改编的结尾，我不喜欢留有悬念，喜欢结局清晰明了。

学生的讨论愈演愈烈，甚至出现了一些我没有预设到的精彩言论，教室俨然成了辩论会现场，出于教学进程的安排，我不得不打断他们。喜好是一个很私人的话题，没有对错之分。我的目的是想让同学们感受小说结尾的留白，经过这一番激烈的讨论，教师只需要适当引导总结，这一目标自然就能达成。

> **设计意图**
>
> 通过原文与改写的结尾进行对比，可以让学生感受小说结尾"此时无声胜有声"的独特魅力，明确这是小说区别于其他文体的显著特点。

（二）关于侧面描写

小说虽然没有正面描写战争的枪林弹雨、炮火连天，只是选择发生在一个家庭的不幸遭遇来侧面表现。但是我们却能透过这一个家庭，这一节小小的车厢，感受到一场战争使一座城市，甚至是一个国家遭受的巨大不幸。我们在进行课本剧教学的过程中为了达成这一目标，在剧本创编时就详细展现了战争的激烈。

［战场。］

［远处不断传来炮火声。］

［马克、彼得、卡尔三兄弟上场。］

马克　我叫马克，这是彼得和卡尔。我们是住在波兹坦乡下的三兄弟。原本我们还在上学，战争爆发了，我们丢下书本拿起枪支，开始参加战斗。

彼得　不知道爸爸和妈妈在家里过得好不好。

卡尔　我好想念妈妈做的烤面包。

［马克把彼得和卡尔抱住，三人抱作一团。］

士兵 B　前方发现敌情，快拿起武器！

马克　快！拿起武器！敌人来了！

士兵 B　冲啊！

所有人（起立）　冲啊！

（马克中弹，跪地）　我不行了，你们两保护好自己！

彼得和卡尔　大哥！（马克牺牲。）

卡尔　我……我害怕，我想回家！

彼得　既然来了我们就不能回头，上啊！（中枪倒地。）

卡尔　哥哥！你们不要丢下我一个人！（中枪倒地。）

该组剧本诞生于学生的一个疑问。有学生在初读课文以后向我提出：对于课文中的这句"我们刚刚失去了三个儿子，他们是在战争中死去的。"我们在撰写剧本的时候能不能加入战斗场面？我觉得他的创意非常好，如果能让学生直面鲜血淋漓的战场，正面暴击与侧面烘托到底哪一个能给学生的内心带来更深的波澜呢？我非常期待他们看完表演以后的点评。

点评一：我想点评我们组三兄弟中的三弟卡尔，他的那句"我好想念妈妈做的烤面包"表现出了一个十四岁男孩的纯真。虽然课文中没有三弟卡尔，但我们是从老兵那句"我们刚刚失去了三个儿子"中设计了卡尔未成年的设定，更加写出了老妇人失去儿子的痛。

点评二：我想点评第三组三兄弟的老大，剧中他有句台词"快拿起武器，敌人就要来了"，我觉得他在说这句话的时候充满激情，表现出他作为年轻人的热血。但是一想到他最终的结局，想到他家中年迈的父母，我不由地感到悲伤。

点评三：我想点评第三组的改编，这部分内容是根据课文中的"我们刚刚失去了三个儿子，他们是在战争中死去的。"这句话展开的。这组加入了三兄弟参加战斗的场面，我觉得这样很好。因为这部分剧情交代了三兄弟牺牲的具体情况，引出了课文中老妇人疯了的情节。

通过对学生点评的梳理我们可以发现，他们很快就把目光聚焦到了文中的"我们刚刚失去了三个儿子，他们是在战争中死去的"这句话。在这句话出现之前，我们并不能从文中得到直接指向战争的信息，只有在读到"车厢里尽是妇女和孩子，几乎看不到一个健壮的男子"时会产生一些疑问：为什么尽是妇女和孩子？为什么几乎看不到一个健壮的男子？教师只需要适当引导学生讨论：课文中需不需要对战场进行正面描写？他们立马就发现了侧面描写的妙处，同样是表现战争的残酷，以小见大反而显得言有尽而意无穷。

设计意图

通过增加战争场面的描写的剧本与原文比较，我们会发现借助侧面描写，同样也能感受到战争的残酷。作者只用寥寥数语就传达出如此丰富的内涵，可见这种侧面描写的手法很高明。

（三）关于层层铺垫

这篇小说把最重要的信息——"我们刚刚失去了三个儿子，他们是在战争中死去的"放在最后交代，通过数"一二三"这一奇怪的举动、老兵对两个小姑娘的嘲笑狠狠一瞪层层铺垫，让大家在看到最后时心中已经了然，丧失爱子的伤痛以及所带来的精神上的崩溃已经彻底击垮了这个老妇人。小说作者通过层层铺垫这一表现手法使得该小说在结局揭晓之时产生了一种极强的冲击力。倘若我们在刚开始阅读小说时就已知这对夫妇的儿子走上战场，这种冲击力是否就削弱了呢？从这一点出发，我们创编了这样一个剧本。

［农村。］

［安娜上场。］

安娜　我叫安娜，是一个普通农妇。前不久刚刚爆发了战争，我那三个儿子都上了战场。

［安娜在家一边做家务，一边着急地向窗外望去。］

安娜　弗兰克，弗兰克！你快出去看看，是不是邮递员回来送信了？

［弗兰克急匆匆地跑来。］

弗兰克　你这个老婆子，他们才走三天怎么可能有信件回来，再等等吧。

安娜　可是我担心啊，担心得整宿睡不着觉。你说，马克和彼得才刚成年没多久，最小的卡尔才十四岁，他要是有个三长两短……我可怎么活呀！

弗兰克　别瞎想了！看在上帝的分上！

[安娜与弗兰克下场。]

这同样是基于课文结尾处"我们刚刚失去了三个儿子，他们是在战争中死去的"一句进行改编的剧本。不同的是，将悬念直接揭晓会使得我们在开始观看的时候便代入了大量的信息，使得我们对小说悲剧的结局已经产生了初步的预判。这种预判无形之中会削弱悬念揭晓的冲击感。

设计意图

通过对比探究，体会小说借助层层铺垫这种表现手法带给人的巨大冲击，将文本的解读走向更深层次。进一步加深了学生对这种表现手法的认知。

通过对比探究，学生感受到了作者通过结尾留白、侧面描写以及层层铺垫营造出的艺术效果，这些手法构成了小说的"意料之外，情理之中"，我们不妨基于此进行总结提升。

我们再来回看课文的结尾。如果你是车上的乘客，听了老兵的独白以后，你心里会想些什么呢？提出这样一个问题是为了再次将学生拉回文本营造的情境里，学生的回答让我感到欣慰："我会想到我自己也在经受着这场战争，我的家人因为战争而流离失所。"不难看出，在老兵讲述他们一家悲惨际遇以后，本应该有人出来安慰他们，或者有其他乘客出来诉说他们的悲惨际遇。可作者没有这样安排，两个小姑娘也没有出来道歉，你觉得此时再出来道歉还有这个必要吗？作者这样的设计是不是很高明？从这个结尾出发，我让学生再一次审视这篇小说的写法，不断加深印象。

结局看似出人意料，却又在情理之中。这是小说区别于其他文体的显著特征，而这一特点，是作者借助巧妙的设计实现的。通过截取火车上短暂的一幕，以后备役老兵的一段对话为小说的核心，隐去所有背景、过程的交代，把惨烈的战争后果直接推到我们面前，为我们展现了战争给社会普通民众带来的沉重灾难。本节课的学习，不仅让我们感受到了和平的生活来之不易，更让大家进一步走到幕后，感受作者创作的巧思。

设计意图

指导学生回看结尾，进一步加深对小说艺术手法的分析与理解，完成从形式到内容的融合。

环节四：作业布置

本次活动你有什么收获？以此为素材写一篇作文，题目自拟。

设计意图

本项作业设计的目的是为写作积累素材，学生在课本剧活动中不仅收获了知识，更多的是获得生活的体验，这些都能构成他们写作的素材，从而达成课本剧教学从课上延伸到课下，引领写作的目的，实现教学的连续性发展。

板书设计：

在柏林

精神崩溃的老妇人　　　　战争的残酷　　　　意料之外
强忍悲痛的老兵　　→　　肉体　心灵　←　　情理之中

六、教学反思

《在柏林》是一篇微型小说，虽然篇幅短小，但却内涵丰富。仅凭一节车厢上的一个不幸家庭的遭遇，以小见大地表现出战争的残酷以及带给人们的摧残，给读者的心灵带来了巨大的震撼。这是六年级学生第一次接触小说这种文体，我思虑再三，决定把这节课的教学目标设定在感受人物，体会小说的主旨，学习小说的表现手法这三个方面。

本节课借助课本剧搭建起沟通文本与学生内心的桥梁。学生通过改写剧本、排练、点评等环节，能充分沉浸于文本中，更容易走进距离他们很有断代感的人物。无论是老妇人的满身疮痍，抑或是老兵内心的苦楚，更不用说车厢上人的惨痛遭遇，学生经过对文本的充分研读，答案已经呼之欲出。此时我只需要归纳两个问题，引发他们更深层次的思考：你觉得还需要对老兵进行肖像描写吗？老妇人是真的疯了吗？同学们的回答令我非常吃惊。他们能切身体会发生在人物身上的故事，感人物之悲，思人物之想。"我们已经能从他的话语中体会到他内心的悲伤了。""他就算悲伤也不能表现出来，因为他是一个家庭的顶梁柱，他不能倒下。""她如果疯了，那么她数数应该会一直数下去,可她每次数到三就结束了,说明她数的是她三个儿子,她只是精神崩溃了。"同学们的回答令我非常吃惊,战争题材距离现在的孩子非常遥远。这篇小说并没有直接描写战争的场面,而是选择战争后方的人物作为表现对象,这种侧面表现远没有正面描写来得直观。课本剧能克服文字的陌生性,为学生营造情境,搭建起文本与学生内心世界的桥梁。课堂上结合生成的教学资源适时追问:如果你是车上的乘客,你心里在想些什么呢? 不断把学生带入文本情境,加深内心体验,从而更深层次地感受文字背后蕴藏的"无声的控诉"。

为了实现教学的第三个目标,我安排了三个剧本:其中一个改写了结尾,一个增加了战争场面的描写,还有一个将埋藏于结尾的悬念直接公之于众。其实这三个剧本的创编都是为了与原文进行对比,让学生能更好地感受这篇微型小说借助表现手法体现出的丰富意蕴。为了更好地凸显这一点,我将原本的"表演——点评"模式改为"表演——点评——表演——点评"模式。先安排一个基于原文的剧本进行表演,再结合该剧点评分析人物形象,等这一组表演——点评结束以后让同学们观摩、点评另外三个改编的剧本,继而开展接下来的教学目标。学生在点评后三组改编的剧本时,通过与第一个剧本的对比,自然而然地发现了结尾的留白、侧面描写与铺垫这三种表现手法的妙处,教师只要适时点拨,便可达成教学目标。

这节课也促使我对课本剧教学有一些新的思考。以往我们的课本剧课堂中的表演与点评都是相对完整的两个部分，但是这次我将表演点评分割开，这样做的目的是实现教学目标的层层推进。从这节课的反馈结果来看，还是比较成功的。由此可见，课本剧教学能够依据教学目标进行方式上的不断创新。

本节课采用课本剧的形式，在对全文内容把握的前提下，很好地达成了对课文的深入理解和深度学习。

为了加深对"整体—部分—整体"的认识规律在教学上的体现，下面再以丁老师《猫》这篇公开课为例来进一步说明。

猫

一、教学设想

《猫》一文以第一人称的口吻，记述了自己家三次养猫的经历。作者以人道主义的情怀，关注身边的小生命，对三只猫得而复失的过程进行了细腻的刻画，描写了"我"与家人悲痛、遗憾的心情，尤其是对第三只猫的歉疚之情。教学本文时采用课本剧的形式，学生自主深入阅读、发挥想象，根据文本进行剧本的编写，利用课余时间进行排练，课堂上再进行小组表演，最后再通过自评、他评的方式，体会作者对生命的尊重和善于自我反省的精神，挖掘出本文所蕴含的深刻哲理。

二、学情分析

七（3）班的同学大多思维活跃，语文基础扎实，大部分同学喜欢表演,有课本剧公开课的经历,六下时曾经开设过《我的伯父鲁迅先生》的课本剧公开课,课堂上的表演和点评受到语文组内老师的好评。

三、教学目标

1. 借助课本剧表演及点评,感知全文主要内容,了解作者及家人三次养猫经历的情感波澜。

2. 体会作者对第三只猫之死的悔恨之情,思考文中蕴含的人生哲理。

四、课前准备

1. 小组创编剧本和排练。

2. 批注文本。

3. 准备 PPT 和道具。

五、教学过程

环节一:

导入新课:猫是人类的朋友,钱钟书帮猫打架,为猫写诗;季羡林的猫陪着他一起散步;宗璞看着猫冢暗自神伤;海明威的著名小说《战地钟声》就是在猫的陪伴下完成的……古往今来,多少人有着爱猫情结。今天就让我们去看看著名作家郑振铎养猫时发生了怎样的故事,从他养猫的过程中,又能领悟到哪些生活的哲理和做人的道理呢?

> **设计意图**
>
> 　　介绍文人与猫的故事，激发学生学习兴趣，导入新课。

环节二：

　　小组表演：教师指导学生分小组进行课本剧的创编及表演。

　　第一组：第一次养猫的经历

　　第二组：第二次养猫的经历

　　第三组：第三次养猫的经历

　　第四组：四只猫的对话

> **设计意图**
>
> 　　基于文本，引导学生关注细节，抓住关键字、词、句、段，揣摩人物的性格，充分发挥想象，进行剧本的改编或创编，掌握作者及家人三次养猫经历。

环节三：

　　自评互评：根据文本，围绕剧本的创编、人物形象和心理等进行自评互评，深入理解作者及家人三次养猫经历的情感波澜。以下是课堂上部分学生观看完《猫》表演后的点评：

　　王同学：我想点评李小雨同学饰演的三妹，书上说"三妹很不高兴的，咕噜着道"，李小雨演的时候将那种生气、不高兴演得很好，由此可见三妹对于第二只猫的喜欢。

黄同学：我想点评张聚演的大哥，当大哥主观臆断第三只猫是杀死芙蓉鸟的凶手时，非常气愤，书上写到"怒气冲天、没有快意"，张聚将那种气愤演得很好，表现了大哥对第三只猫的讨厌。

胡同学：我想点评徐同学演的张妈，当妻子责备张妈的时候，张妈支支吾吾说不出来话，正如书上所说的"张妈默默无言，不能有什么话来辩护"，其实张妈是有留意猫的，在文中说"张妈便跑来把猫追了去"，一个"跑"字体现出张妈的留意，但是张妈因为地位低下，在家里没有话语权，所以无法为自己辩护，就如第三只猫一样，受了委屈不能辩说。

设计意图

引导学生看完表演后再次回到文本中，锁定文本中的一些细节，深入解读文本，进行思维火花的碰撞，有助于深入理解作者及家人三次养猫经历的情感波澜。

环节四：

主旨探究：

1. 你认为第三只猫的悲剧是谁造成的？

生1：我认为第三只猫的悲剧是文中的"我"造成的，因为"我"没有调查清楚就妄下断语，把罪名强加在它的头上，狠狠地给了它惩戒，造成了它两个月后无辜死亡的悲剧。

生2：我认为第三只猫的悲剧是黑猫造成的，如果黑猫不咬死芙蓉鸟，"我"就不会惩戒第三只猫，第三只猫就不会死亡。

生 3：我认为"我"及我的家人对第三只猫的死都负有责任，如妻子的添油加醋，张妈没有为第三只猫辩说，因为他们从一开始就不喜欢第三只猫，对它有偏见。

生 4：我认为第三只猫的悲剧是它自己造成的，因为文中写了它的"忧郁""懒惰"，性格决定命运，就算没有"芙蓉鸟事件"也会有其他的事情造成他的悲剧命运。

2. 为什么"我家永不养猫"？

生 1：看到猫就会想起第三只猫，表达了我内心的忏悔之情。

3. 你可以从这篇文章得到哪些人生哲理？

生 1：凡事要实事求是，不能不加调查，主观武断。

生 2：要关心、关爱那些弱小者。

生 3：要善于反思和自省。

主旨探究：

文章通过对三只猫不同结局的叙述，抒发了"我"对三只猫的不同情感，表达了"我"对第三只猫的内疚、自责，也告诉我们凡事不能单凭印象，主观臆断，更重要的是弄清事实；对人对事不存偏见私心，要宽容、要仁爱，要同情弱小者的道理……

设计意图

引导学生体会作者对第三只猫之死的悔恨之情，思考文中蕴含的人生哲理。

环节五：

　　布置作业：结合本次课本剧课堂活动体验，写一篇600字以上的作文，题目自拟。

设计意图

　　帮助学生积累写作素材。

板书设计：（或重要PPT页面）

猫

郑振铎

	结局	我的情感	人性之恶	人性之善
第一只猫	染病而亡	一缕酸辛	冷漠、自私	反省
第二只猫	遭捉而亡	怅然愤恨	偏见、暴力	
第三只猫	含冤而亡	自责痛悔	推卸责任	

六、教学反思

　　阅读教学在语文教学中占重要比重，阅读能力是初中语文教学培养的重要能力之一，《语文课程标准》指出："阅读是学生的个性化行为"，新课标的目标之一为："使学生具有独立的阅读能力，注重情感体验，有较丰富的积累，形成良好的语感；学会运用多种阅读方法，能初步理解、鉴赏文学作品，受到高尚情操与趣味的熏陶，发展个性，丰富自己的精神世界。"新课标下的阅读教学就是要让学生主动与文章作者形成对话、交流的关系，以引起共鸣，产生感悟，从而达到阅读活动真正的目的，即考虑教材与学生的因素，鼓励学生进行自主阅读。以课本剧为载体，运用角色扮演的方法，能有效地促进学生对文本的深度学习。本文以七年级上部编版教材《猫》为例，浅谈阅读教学中运用角色扮演促进学生文本深度学习。

剧本的演绎是学生们对文章内容和角色的重新诠释，要主动地、全方位地展示人物形象，就需要学生们不断地深度揣摩细节，深入地体验角色，因为文本中的一些细节和人物动作的描写，往往最能体现人物的性格特征，最能体现故事的主旨，最具有表现力，因此，抓住了动作和细节，也就是抓住了刻画人物的关键，也就抓住了表演人物的根本。如当第二只猫不见了的时候，三妹"慌忙地跑下楼"，体现出了三妹对第二只猫的喜爱以及知道猫不见了的时候的紧张，表演的同学要很慌张地上台；当"我"知道自己冤枉了第三只猫时，内心是忏悔的、难过的，所以饰演"我"的同学在说出我忏悔的台词的时候要语速放慢，语调沉重，表现出自己的难过。通过演角色能够深度地揣摩人物形象和心理，从而更加深度阅读文本。

附剧本：

猫

第一幕：

人物： 我、三妹

我　　我家养了好几只猫，结局都是失踪或死亡。三妹最喜
　　　　欢猫了，她经常在课后回家时逗小猫玩，有一次从隔

壁要一只新的。

[三妹上台]

三妹　小白我放学回来了，又可以逗你玩了。唉，过来，过来，走喽，我们去院子里玩。[抱着猫下台]

我　　后来这只猫不知怎的，忽然消瘦了。也不肯吃东西了。

三妹　小白，你是怎么搞的呀？都不陪我玩了。原来的毛发，锃光瓦亮，看看现在的，变得灰扑扑了。你看，我还给你买了一个小铜铃，多好看呀！我去给你戴上吧。

[抱着猫下台]

我　　后来小猫死了，三妹很是难过。我也感到一缕酸心。当时只得安慰三妹道："不要紧，我再从别处给你要一只来。"

第二幕：

人物：张妈、我、李妈、三妹、黄猫

时间：某一日清晨

[我起床，披着衣服下楼，在园子里找了一圈]

我　　三妹，小猫呢？

[三妹慌忙地跑下楼]

三妹　我刚才也寻了一遍，没有看见。

我　　（喊道）李妈，小猫不见了！

[家里的人听了都开始找小猫]

李妈　我一早起来开门，还见它在厅上。烧饭时，才不见了它。

[所有人都露出了不高兴的神色]

张妈　可惜，可惜，这样好的一只小猫。对了，我刚才遇到隔
　　　壁的周丫头，她说，早上看见咱家的小猫在门外，被
　　　一个过路的人捉去了。

三妹　（不高兴地）他们看见了，为什么不出来阻止？他们
　　　明明晓得它是我家的。多活泼可爱的一只小猫啊，它
　　　还是我让妈妈从舅舅家拿回来的。

我　　是啊！它又会爬树又会抓老鼠，对了，还会抓蝴蝶呢，
　　　唉，多可惜啊。

三妹　自从它从舅舅家被拿回来后，就一直陪着我，度过了
　　　那么多快乐开心的时光。

我　　这人也是没有品德，唉，真可惜！

李妈　那人也是的，算了算了，大家都忙活去吧！

第三幕：

张妈　完了完了，鸟死了一只，这只鸟可是女主人捧在手心
　　　里的宝啊，唱歌也很好听，女主人还特意叮嘱我每天
　　　给它加粮，换水洗干净笼子。可这只鸟却死了，我该
　　　怎么交代呀？你们知道是什么把它咬死的吗？

三妹　张妈，张妈，这是怎么啦？

我　　怎么啦？[看鸟笼]一定是猫干的，一定是猫干的！

妻　　发生什么事了？啊！我的芙蓉鸟！不是这猫干的还能
　　　有谁？它整日盯着这笼子看，一定是蓄谋已久了吧？

张妈，我早就叫你小心啦，你为什么不小心？

张妈　这……

我　　今天非得打死这个小畜生不可！猫呢？猫去哪儿了？长得丑就算了，你怎么可以为罪潜逃？

　　　［集体找猫］

妻　　我们好心收留他，他可倒好，却忘恩负义。

三妹　猫在那里！

我　　躺在露台板上晒太阳，倒是安详得很呐！

妻　　嘴里还在吃着什么，天呐，一定是那可怜的芙蓉鸟。

我　　看我不打死你！

三妹　猫又来吃鸟了！

我　　什么！是只黑猫！不是我们的猫，哎，是我没有判断明白，冤枉了这只不会说话的猫。我该怎么弥补我的过失啊！

　　　［两个月后］

我　　这只猫突然死在了邻家的屋檐上，我的过失再也无法弥补了。我无法消除我内心的负罪感，自此，我家永不养猫！

第四幕：

人物：白猫、黄猫、肥猫、黑猫

地点：天堂

白猫　我浑身雪白，生来金枝玉叶，而且像我这般活泼可爱，

人见人爱，花见花开的白雪公主，主人最疼爱的一定是
我。唉，我这命运啊，别无选择啊！主人把我捧于掌心，
当成掌上明珠，自然就很高贵。（表现出高傲的表情）

黄猫　呦呦呦，是谁在王婆卖瓜呢？你看我这金黄的貂皮大
衣，真皮的，你有吗？我会爬树，捉蝴蝶，帮主人捉
老鼠，你会吗？主人自然最疼爱我！（表现出得意的
表情）

白猫　（翻白眼）切！（白猫不服气）

肥猫　咳咳！看到我身上的肥肉了吗？（拍拍自己的肚子）
都是主人对我的爱啊！

白猫　拉倒吧！你只是主人家里可有可无的动物罢了。

黄猫　你忘了主人拿棒子打你了？

肥猫　虽然主人误会打伤了我，但在我最落魄，留宿街头的
时候，是好心善良的主人收留了我，让我有了新的生
活，我很感激他。

黑猫　哈哈哈（大笑三声）诸位真是井底之蛙了，在下还是
觉得，"天为罗盖地为毯，日月星辰伴我眠"，当初四
海为家的日子，甚是逍遥自在。

（一副陷入回忆，心不在焉的样子）

白猫、黄猫　你是谁？

黑猫　在下黑猫警长——的叔叔的侄子的邻居的兄弟——黑
猫大侠！

肥猫　　呵（瞟了黑猫一眼）

　　　　我还没说你，跑到我们主人家偷鸟吃，没想到你这么
　　　　残忍，还将本是你的罪名栽赃给我，让主人错怪于我。

黑猫　　（抱拳）当时在下肚子实在是饿了，没想到伤及无辜。

肥猫　　我从来没有因为主人冤枉我而怨主人，我自小便留宿
　　　　街头，是主人的善良给了我一个温暖的家。

白猫　　是啊，想必现在主人心里应该很愧疚吧。

黄猫　　其实咱们不用争宠，我们猫一直是人类最真挚的朋
　　　　友，我们融入了人类的生活，同时我们也是一个个体，
　　　　我们和人类享有平等的地位。

　　《猫》这篇文章的教学，在整体把握全文主要内容的基础
上，通过角色扮演，深度地揣摩人物形象和心理，从而走向深度
阅读，并感悟文章所表达的主旨和阐明的道理，圆满达成了教学
的目标。

　　（二）借助"纲要信号图"，引导学生从整体上入手学习教材

　　整体入手学习教材，既可以是一节课的内容，也可以以单
元、一册教材、一个学年的内容或者一个学段的内容为单位。在
这一过程中，教师要引导学生本着先整体后部分、先宏观后微观
的原则，整体感知、理解教材，直奔主题，不在细节上下功夫。

　　如笔者撰写的《基于新课程标准的整本书个性化阅读的策
略建构》这篇文章，就是在这一思想指导下的实践探索，达成了
预期的目标，提高了课堂教学的效益。

基于新课程标准的整本书个性化阅读的策略建构

摘　要　整本书阅读越来越受到重视，其发挥的作用日益凸显。本文立足于新课程标准的视角，从个性化、有效性的阅读教学出发，进行整本书阅读的教学探索和实践，建构整本书阅读的策略，引导学生运用多种阅读方法，知悉整本书阅读的基本路径，打通课内单篇阅读与课外自主阅读的关联，激发阅读兴味，提高阅读品质，增强阅读能力。

关键词　整本书阅读　个性化阅读　策略建构

随着整本书阅读教学的不断推进和实践，笔者对此也有了比较深入、全面的理解、探索和感悟，取得了富有成效的做法和经验，这正呼应了"探索个性化的阅读方法，分享阅读感受，开展专题探究，建构阅读整本书的经验"[①]的要求。尽管以往在整本书阅读的过程中遇到过这样那样的不顺、挫折和坎坷，如今，总算步入了教学的坦途。现不揣浅陋，以就教于方家。

一、阅读的共鸣

尽管"读书破万卷，下笔如有神"（杜甫）"书籍是人类进步的阶梯"（高尔基）"阅读——这是最好的学问"（俄普希金）这些有关阅读益处的、耳熟能详的话所揭示的道理非常浅显易

---

① 中华人民共和国教育部.义务教育语文课程标准（2022年版）[S].北京：北京师范大学出版社，2022：15.

懂,广大师生大多都认可、赞同,但在实际践行中,特别是整本书阅读教与学中,由于种种原因,诸如对手机、平板电脑、网络游戏、抖音等工具、网站的迷恋,以及对整本书阅读的认识不足,而导致部分学生无法完成每个学段的整本书阅读,实际情况差强人意,值得研究和破解。

为此,笔者在每届学生进行整本书阅读的起始阶段、阅读过程中,都采用现身说法:适时地将自己从教 35 年以来阅读的整本书的笔记(堆起来有近 1 米高,有的已经发黄、破损,却是自己整本书阅读的记载和珍藏),对自己丰富知识、启迪思想、陶冶情操、出书写作、教育教学等很多方面所起到的巨大的推动作用向同学展示、述说。

学生看后和听到不止一次的讲述与我的现身说法,以及对其他名人贤俊和身边的人在整本书阅读上的成功做法的介绍、宣讲,自然地引发了学生在思想、心灵上的启迪、触动、认同、共情和共鸣,进而在行动上有了令人满意的表现,包括有关阅读的核心素养、言行举止、检测成绩等方面,都令人满意和欣慰。

二、阅读的计划

"凡事预则立,不预则废",对于整本书阅读来说,也不例外。新课标指出,"根据阅读目的和兴趣选择合适的图书,制定阅读计划"[1],所以,在每个学期的寒暑假和双休日,都针对不同

---

[1] 中华人民共和国教育部.义务教育语文课程标准(2022 年版)[S].北京:北京师范大学出版社,2022:31.

的书目，每个同学都制定出各自的阅读计划，教师给出的阅读计划表如下：

书名	作者	国别	总页数	每天阅读页数	摘记	感悟	总评

表中的"每天阅读页数"，要依据整本书的"总页数"，按照寒暑假与学期总天数来安排，一本书的阅读，至少要留出一周或十天的时间作为机动，这样，就不至于因家里、个人可能临时有事而落下计划中阅读的页数。

对于此表，学生可以进行个性化的增减，目的就是提醒学生每天不折不扣地完成或超额完成阅读量，并读有所得。从日常操作来看，绝大多数学生都能够按时或超额达成阅读的"量"与"质"。

三、阅读的方法

"亲其师，信其道"说得好，在学生从内心深处悦纳了老师有关阅读的好处、观点、主张、要求与自己制定的阅读计划后，就会在日常学习生活中加以践行。但因阅读方法的缺失或是不够得当，往往造成"事倍功半"的情况发生，有鉴于此，教师就要按照不同年段、书目内容、难易程度、字数页数等，分别运用不同的阅读方法来展开整本书阅读。

在整本书阅读中，主要："运用浏览、略读、精读等不同阅读方法。"①

1. 浏览法

也称粗读法或泛读法，与精读法相对。通过浏览，对浏览过的内容有大致印象，等以后需要或有时间时，再根据印象查阅资料，使阅读活动更深入、更全面。此法适用于整本书的内容比较容易理解或先前就有一定了解的书。

以七年级上册《西游记》为例，因该书篇幅较长，同时，学生对此内容通过电视连续剧等有所了解，就可以采用浏览法，对整本书的梗概有所知晓：

全书围绕"西游"，分为四大部分：首先，从第一回到第七回是全书的引子，叙述孙悟空出生、求仙得道、大闹"三界"，作者一边安排孙悟空出场，交代清楚其出身、师承、能耐、性情；一边通过孙悟空在天、地、冥、水四境界穿越，描绘四境界风貌，建立一个三维四境界立体思维活动空间；其次，从第八回至第十二回，描写如来说法、观音访僧、魏征斩龙、唐僧出世的故事，交代取经缘起；再次，十三至九十九回，写孙悟空、猪八戒、沙悟净、小白龙保护唐僧西天取经，沿途降妖伏魔，历经九九八十一难，到达西天，取得真经；最后，第一百回为全书的结尾，描写师徒四人取经回到东土，都得道成为真佛。

---

① 中华人民共和国教育部．义务教育语文课程标准（2022年版）[S]．北京：北京师范大学出版社，2022：33.

还有《水浒传》《骆驼祥子》等，也可以运用浏览法进行整本书阅读。

2. 略读法

略读法，又叫通读法，检查性阅读的方式之一。所谓略读，指快速阅读文章以了解其内容大意的阅读方法。换句话说，略读是要求读者有选择地进行阅读，可跳过某些细节，以求抓住文章的大概，从而加快阅读速度。对某些细节，如用词是否规范、标点符号是否正确等暂不计较。其长处是可以把注意力集中到整本书所反映的主要内容上，能够较快地掌握书的主要内容、写作意图，缺点是容易产生错觉，不容易发现细微差错。

九年级下册《儒林外史》则不妨借助略读法进行整本书阅读。因为课文《范进中举》就选自本书，学生对书的内容有了"窥斑见豹"的整体认知，通过略读法阅读，学生留下了这样的印记：

该书尽管没有贯穿全书的中心人物和一以贯之的情节，但由众多故事连缀而成、凸显普通士人日常生活中的生存状态与精神世界的文字令人挥之不去。书中许多人物，熙熙而来，攘攘而去。或唯利是图，自甘下流；或貌似君子，内心卑污；或故弄玄虚，欺世盗名；或倚仗权势，横暴不法；或假作清高，实则鄙陋；或终老科场，迂腐可笑，无不塑造得惟妙惟肖、栩栩如生、丑态毕现。通过描绘这幅士林的"群丑图"，展现出封建八股取士制度对部分读书人心灵的摧残，字里行间突出了作者否定功名利禄的基本思想，并通过书中少数淡泊名利、恪守道德、张扬个性的贤者，寄托了作者对理想社会的努力追求。

通过略读法，学生对《儒林外史》整本书的重要内容有了比较全面的了解，对作者的写作意图有了准确的把握。

3. 精读法

精读法，又叫细读法。即是对经典著作由表及里、精思熟读的阅读方法。精读，是为了对读物内容作充分理解，在粗读的基础上，对读物逐字、逐句、逐段、逐篇（章）仔细阅读，从而抓住读物的精华，深入领悟，仔细品味，理解吸收，融会贯通，达到对阅读材料的深入理解和领悟，并最终能够灵活运用。

可见，精读的对象一般是优秀的文学作品或内涵较深、经得起推敲的文章。细读多思，反复琢磨，务求对作品理解得明白透彻。

八年级下册的《经典常谈》，内容短小精悍，内涵丰富，言近旨远，就非常适合此法来阅读。通过对整本书的咀嚼涵咏，对全书共13篇的文章，尤其是《说文解字》《周易》《史记》等经典著作的精彩内容与论述有了深刻的理解，对诸子百家、辞赋和历代诗文的情况了然于胸，作者借助《经典常谈》来呈现我国古代思想文化的基本情状和风貌，读懂和领悟了作者写作《经典常谈》的初衷：为了给希望读些经典的中学生做个向导，指点阅读门径，让他们面对浩如烟海的古代典籍不至于茫然无措。

阅读《经典常谈》，如果采用跳读、略读法，则很可能会出现"食而不知其味"的现象,这就达不到阅读的目标和目的,得不偿失,如是,不仅得不到阅读的快乐与收获,相反,会令人沮丧和遗憾。

走笔至此,有必要对"精读"与"略读"作一厘清和界定,正如语文教育家叶圣陶、朱自清在《略读指导举隅》(2014年第4版,中华书局)中所说:"精读指导必须纤屑不遗,发挥尽净;略读指导却需提纲挈领,期其自得。""学生从精读方面得到种种经验,应用这些经验,自己去读长篇巨著以及其他的单篇短什,不再需要教师的详细指导,这就是略读。"至于二者的关系,两位前辈更是说得言简意赅:"就教学而言,精读是主体,略读只是补充;但就效果而言,精读是准备,略读才是应用,精读是'举一',略读才是'反三'。"

有了这样的解读和阐释,相信对"精读"与"略读"就有了泾渭分明的把握和理解。

当然,以上几种阅读整本书的方法,有时候并不会独立运用,而是综合使用的,师生在阅读的时候,应根据各自的实际情况加以科学、合理的选择,以便做到恰到好处,让整本书阅读的效益最大化。

四、阅读的支架

法国哲学家笛卡尔说:"最有用的知识是关于方法的知识。"因此,要切实、有效地开展整本书阅读,就要拥有最有用、最优良的阅读策略,为学生的整本书阅读提供方法、搭建支架。具体来说：

1. 由单篇到整本书

"阅读能力的培养是从单篇阅读起始的，这种单篇阅读能力是一切稳步阅读能力的基础"[①]，"单篇教学是课堂阅读教学的重点。学生从课堂上教师的单篇精读（包括略读）指导与训练中获得阅读经验和方法，打下阅读的基本功，再运用这些基本功在大量阅读实践中逐渐形成阅读能力。"[②]

由此可见，要很好地落实整本书阅读，就一定要注重单篇文章阅读的教学，为整本书阅读奠定扎实而必要的基础，提供坚实的支架。包括文章题目的妙处、构思的技巧、选材的独到、语言的有力、立意的深刻、主旨的鲜明，以及修辞的得当、表达的适切等。

以七年级上册《朝花夕拾》这本散文集的整本书阅读为例，要想获得理想的阅读效果和目标，就可以通过本书中选入课本的单篇的教学，来获取阅读的技巧和方法。《朝花夕拾》整本书由以下内容所组成：

小引、《狗·猫·鼠》《阿长与〈山海经〉》《〈二十四孝图〉》《五猖会》

《无常》《从百草园到三味书屋》《父亲的病》《琐记》《藤野先生》《范爱农》、后记。

---

①② 张彬福.大单元.大概念.单篇教学——语文教学热点三人谈［J］.中学
　　语文教学，2023（6）.

其中的《阿长与〈山海经〉》《从百草园到三味书屋》《藤野先生》这三篇则是选入课本的。作为一部散文集,《朝花夕拾》中的各篇虽然相对独立,但篇与篇之间却有着千丝万缕的联系。

所以,教学中,就可以用其中的一篇,来"提纲挈领""以点带面"地达成整本书的阅读教学。

下面以《阿长与〈山海经〉》为抓手,通过以下问题和任务的设计,实现教学目标:

(1)课题含义

思考:阿长和《山海经》这本书之间究竟发生了什么故事,作者借此想要表达的主题是什么?(或题目为何是"阿长与《山海经》"?)

①阿长(第3—18节),这部分写作者对阿长是不大佩服、不耐烦、憎恶的情感。②《山海经》(第19—29节),这部分写作者对阿长充满真诚的敬意。③题目突显了"我"对阿长情感上的冲突,呼应了课文3—18节和19—29节的大转折。④标题明确了本文的中心人物和主体事件,还显示出作者对阿长的情感变化。

(2)主要人物

思考:阿长是一个什么样的人?

①阿长是周家的女工,幼年鲁迅的保姆。②阿长的"长"不是阿长的姓氏,也不是阿长的体貌特征,更不是阿长原名中的任何一个字,而是沿用了上一任女工的称呼。③阿长是一个身份卑微、身世不幸的人。

（3）主体内容（1）

思考：作者重点写了哪些内容？请加以概括。

第 3—5 节　　切切察察　爱告状　睡相差 ⎫
第 6—12 节　　懂得许多规矩　教我很多道理 ⎬ 粗俗迷信
第 13—17 节　阿长给"我"讲长毛的故事 ⎭ 愚昧无知
第 18 节　　　概述阿长谋害隐鼠这件事

（4）事件关联

思考：作者是如何将这些事件关联起来的？

圈画关联事件的句子→捕捉表示转折关系的关联词→梳理事件之间的内在联系→体会作者对阿长的情感变化。

（5）主体内容（2）

思考：19—29 节主要写了哪些内容？

"我"渴慕绘图的《山海经》；阿长问书，并把《山海经》送给"我"；得到《山海经》之后"我"视如珍宝。

（6）核心问题

思考：山海经事件中我对阿长的感情如何？

在《山海经》事件上，体现出阿长善良、慈爱的特点。

（7）语句品析

思考：仁厚黑暗的地母呵，愿在你怀里永安她的魂灵！

①这句话是祈祷语，字面意思是希望阿长能够在仁厚黑暗的地母的怀抱里得到灵魂的安息。②作者感念长妈妈买来的《山海经》，对当年和后来的自己影响深远。作者感激长妈妈所给予

的无私的爱，所以衷心祝愿她的灵魂得到永久的安宁。③这个祈愿里包含着深切的怀念之情，感叹号的运用进一步强化情感。

（8）情感轨迹

思考：文章情感变化轨迹是怎样的？

实在不大佩服→不耐烦→空前的敬意→憎恶→新的敬意→同情、愧疚、感激、怀念的复杂情感。

（9）主旨写法

思考：概括本文的主旨与写法特点。

作者以儿时对阿长情感态度的变化为线索贯穿全文，通过先抑后扬的手法，既刻画了阿长好事粗俗、迷信可笑的一面，又凸现了阿长朴实善良、仁厚慈爱的天性，表达了成年后的作者对阿长同情愧疚、感激思念的复杂感情。

（10）阅读路径

思考：本文的阅读路径是？

首先，明了课题含义；第二，知晓主要人物与情节；第三，文章主要内容的了解；第四，核心问题的设计；第五，重点语句的品析；第六，情感的变化；第七，主旨与写法等。

（11）学法归结

解析标题；内容＋人物特点＋情感；建立内容之间的关联；整体把握作者对阿长既同情又愧疚、既感激又怀念的复杂情感；品析语言；理解主旨与写法。

以上就是通过对《阿长与〈山海经〉》这一单篇的阅读教

学，呈现出阅读的基本路径，运用和沿着这一路径，学生就可以富有个性化地阅读《朝花夕拾》这部整本书，因为"整本书阅读离不开课内单篇阅读的指导，需要以课内储备的阅读方法为基础"①。

由《阿长与〈山海经〉》单篇阅读的思路和脉络，自然能够得出《朝花夕拾》整本书的阅读抓手。从作者在"小引"中所说的，这十篇文章"是从记忆中抄出来的"，并将原书名《旧事重提》改为充满诗意的《朝花夕拾》，并在"小引"中叙写了一系列与心灵慰藉相关的意象，可以有如下的阅读设计：

核心问题：作者"从记忆中抄出"这些人和事的缘由是？

核心任务：与作者"面对面"，作为一名小记者的你，阅读了《朝花夕拾》后，采访中年鲁迅，解读鲁迅创作《朝花夕拾》的心路历程，撰写一份人物采访报告。

"要把整本书阅读作为教材的重要有机组成部分，精选兼具思想性、艺术性和学段适应性的典范作品，以整本书阅读兴趣、阅读习惯的培养为基础，让学生逐渐建构不同类型整本书阅读经验"②，按照新课标的这一要求，学生拥有了《朝花夕拾》整本书阅读的方法，对其他的整本书阅读同样能够如法炮制，从容

---

① 熊宁宁.新课程背景下整本书阅读的教材呈现——"快乐读书吧"编排特点[J].语文建设，2023（7）.
② 中华人民共和国教育部.义务教育语文课程标准（2022年版）[S].北京：北京师范大学出版社，2022：53.

以对。

五、阅读的体系

"整本书阅读应是一个'课内导读 + 课外自读'的教学体系"① 统编初中语文教科书整本书阅读书目就分为"导读"和"自主阅读"两大部分。整本书阅读中"导读"的定位是"以导促读",导读,旨在交给方法,培养兴趣,制定计划,感知体验,增强能力;课外阅读是"由导自读",培养习惯,关注语感,形成经验。

就是说,教师在课内完成相关单篇教学的基础上,学生形成阅读能力的迁移,主要利用课外时间,进行整本书阅读。这与新课标所倡导的"整本书阅读教学,应以学生自主阅读活动为主"② 相呼应、相一致。

六、阅读的策略

经过实践与总结,整本书的阅读策略主要有:

1. 用好封面

总览整本书阅读,每本书的封面都设计精美,以贴切、简明的图片,或概括,或具体,来呈现出该书的主要内容、写作对象等。如《昆虫记》(图1)和《经典常谈》(图2)的封面:

---

① 新版课程标准解析与教学指导(2022年版)[S].北京:北京师范大学出版社,2022:165.
② 中华人民共和国教育部.义务教育语文课程标准(2022年版)[S].北京:北京师范大学出版社,2022:33.

图 1   图 2

由以上封面，就大致知道本书所写的主要内容和对象等信息，对读者阅读该书具有重要指导作用。对此，师生一定不能错过和忽视。

2. 读懂提示性内容

每本书的正文之前，大多有"出版说明""导读""序""知识链接"等文字，对书的主要内容、作者情况、名人对该书的评价等加以介绍，读这些内容，吸收别人的观点、看法、收获……无疑会有助于自己对整本书的阅读。

3. 重视目录与回次

在读整本书的时候，一定不要放过书的目录与回次，其好处是：这是对每个章节内容的浓缩与概括，是精华；是上下文情节的展示与标示；可以大胆推测情节发展与预见人物命运和全书的结局。因此，通过目录与回次的阅读、斟酌、推敲、琢磨，就能够对整本书的主要内容有了整体感知，进而为接下来的阅读提供必要条件。

4. 运用思维导图

能够恰当地运用思维导图，可以非常简约、直观地表征出整本书的重要内容、关键情节、人物关系与个性特点。这是已经被许多学生成功运用的阅读方法，不妨一试，一定会屡试不爽，有着意外之喜和收获。

5. 圈画和批注

这是两种常用而重要的阅读整本书的有效方法。旨在对整本书的宏观方面：内容、选材、结构、主题、写法、语言等加深理解。还有微观方面的：字、词、句子、段落等的观照。可以是对书中观点、写法的赞赏，也可以是提出阅读的思考与质疑。不管哪种情况，都是深度阅读的体现，而不是浮光掠影的浅尝辄止的阅读。

6. 介入表演

即在阅读整本书的前提下，以课本剧、小品、戏剧、相声等形式，将整本书的主要情节或突出的片段演绎出来。这一定是建立在对整本书内容"吃透"的情况下才能达成的。因此，深受师生喜爱。

7. 撰写书评

可以是向没有读过该书的同学、朋友介绍书的梗概，以便能够激发他们的阅读兴趣和期待；可以是表现自己阅读的收获、感悟与启迪；可以是对书的开头的另外一种设计、结尾的续写、情节的别样安排等，这不失为一种深入、有效的整本书阅读的方

法。同时，也是课本单元写作的要求之一。如八年级下册第三单
元第66—67页，"写作"之"学写读后感"，"写作实践"二，就
你读过的某部名著，写一篇读后感，题目自拟。不少于600字。
当时，就有几名同学写得特别好，分别发表在《学生导报》《创
新作文》等报刊上，学生深受启发、鼓舞与激励。

8. 故事创编

如阅读了《西游记》《儒林外史》等整本书后，学生开动脑
筋，大胆想象，创编和演绎《新西游记》《新儒林外史》，令人耳
目一新，印记深刻。

9. 建立公众号

就是针对整本书阅读中的主要人物、事迹、特点、专长，在
微信公众号发布其所做所为所思所想所感所悟所盼等。这样的创
意，引发了师生的广泛关注和极大兴趣，效果是难以想象的好。

10. 阅读分享会、发布会

可以利用课堂与课外时间展开，每次由几位同学就已阅读的
某部书，分享和交流所得，以引发其他同学的共鸣和思考；对即
将要阅读的书，进行总体情况介绍、发布，激发同学的阅读渴望与
期待。班级其他同学可以补充，起到相互学习，彼此借鉴的作用。

11. 另类创新

诸如为《昆虫记》《红星照耀中国》设计邮票；为《骆驼祥
子》中祥子和《西游记》中徒弟设计面试情节和场景等。都表现
出整本书阅读的新样态、新载体、新形式，让人眼前一亮，挥之

不去。

以上诸法，殊途同归，都是为了达成整本书的有效阅读的目的。尽管操作不同，各有千秋，没有优劣高下之分，可以单独运用，也可几种一起综合运用，都会带来整本书阅读的惊喜。

七、阅读的评价

因为，阅读的评价，具有激励、改进的作用。可以通过以下量表来实现：

姓名	书名	阅读方法	阅读收获	阅读反思	自我评价	同伴评价	教师评价	家长评价

借助自我、同伴、教师和家长的四位一体的评价，就能够比较客观、科学、公平、公正地看出学生阅读的真实情况，尤其是"他评"，能够实现有则改之无则加勉，扬长避短之目的。

八、阅读的成效

1. 基本建构了个性化的整本书阅读策略。

2. 较好地化解了之前部分同学身上存在的、不能主动与按时阅读整本书的困惑与难题。

3. 绝大多数学生掌握了常见、实用的整本书阅读的方法、策略，较好地实现了有效和高效的阅读。

4. 部分同学的书评、读后感等得到同伴、老师、朋友、家长的认可与好评，有的还参加有关征文而获奖，有的则在全国、省市级正规报刊上发表，增强了学生整本书阅读的积极性、主动性，不断提升了整本书阅读的兴趣和学业成绩。

九、阅读的反思

通过对近几年以来整本书阅读教学工作的回顾、梳理和总结，深刻地认识到，整本书阅读：

1. 需要学生在思想上高度认同，只有这样，才能入心入脑，富有成效。

2. 需要教师不断实践、探索、总结、完善和改进，以便做得更好。

3. 需要不断地向同行学习借鉴，做到兼收并蓄，去粗取精，为我所用。

十、阅读的展望

整本书阅读与教学，对于我们来说，一直在路上，阅读方法、策略的实践与探索，没有最好，只有更好。这就是激励我们要秉持与时俱进的精神和要求，继续奋进在整本书阅读教学的征程上。

"深化全民阅读活动"是党的二十大报告明确提出的愿景和目标，学校、教师肩负着不可推卸的重大使命，责无旁贷，我们能够做和必须做好的就是整本书阅读的工作，按照新课标"倡导少做题、多读书、好读书、读好书、读整本书，注重阅读引导，培养读书兴趣，提高读书品位"的要求，不断开创整本书阅读的新局面，促进整本书阅读迈上新台阶。

与此同时，在阅读教学方面，笔者也进行了有效尝试，现以《有魔法的毛竹》教学为例，分享如下：

有魔法的毛竹

教学目标

1. 整体把握文章的内容，理解"魔法"的具体内涵。

2. 思考生活中的事物对启迪人生的价值和意义。

3. 学习本文写作上的特点。

教学重、难点

1. 对"做一棵有魔法的毛竹"等关键词句的品读与赏析。

2. "魔法"对一个人的成长意味着什么？

教学过程

一、齐读课题，导入新课

二、新授内容

（一）在预习的基础上，带着以下问题速读课文：

1. 整体感知课文内容，能够准确地概述出来。

2. 初步理解"魔法"的意义。

3. 请学生分别画出自己对课文所理解的"纲要信号图"。

（二）解读课文，走进文本：

依照上面所画的"纲要信号图"（教师进行修正后的）解读、品析课文内容。主要是一些如"他若有所思""壮大自己的根系""积蓄能量，武装自己""做一棵有魔法的毛竹"等富有表现力和哲理的词句。

三、探究性学习：

在林清玄遭遇挫折，想要放弃梦想时，他是如何重新振作起来的？

当他听了杨教授"说起了一种植物"后，"他若有所思"，但文章并没有写出来具体内容，阅读全文，展开自己的合理想像，补写出来。

杨教授面对神情沮丧的林清玄，没有直接告诉他应该怎么做的秘诀，而是通过一种植物的生长情况来让他明白事理，这叫什么手法，有何好处，对你的写作有何借鉴？

写作特点分析和学习。类比手法的恰当使用；波澜跌宕的情节设置；人物形象鲜明、突出；语言运用精当、准确等。

四、质疑解惑：

请学生说说学习本文后的收获。应该怎样储备、拥有自己在学习、生活上的"魔法"？

五、思维体操：

（一）课堂练习

1."他这时写的很多东西不是被委婉地拒绝，就是杳无音信。"

"杳"读作（　　　　　）

杳无音信的意思是＿＿＿＿＿＿＿＿＿＿＿＿＿＿＿＿＿＿＿。

2.林清玄在新闻专科学校读书时，他的作品为什么不被认可？

3. 第 11 段中说"听后，他若有所思"，那他可能思考什么呢？

4. 当人们问起林清玄的成长经验时，他总爱说："做一棵有魔法的毛竹。"这句话使用了怎样的修辞手法？有什么含义？

5. 读了本文你有什么感想？请结合我们的语文学习，谈谈你的想法。

（二）课外选读林清玄的其他作品，进一步加深对他的全面了解，激发向他学习的热情和积极性，使自己能够见贤思齐，走向成功。

对于这样篇幅短小的文章，采用整体教学的方法，学生更容易把握主要的情节、人物和内容，效果更好。

（三）把握知识与能力的关系，引导学生掌握方法

（1）知识是培养学生学习能力的储备

就是说，学生要通过间接经验的获得掌握学习的方法，这种方法的掌握意味着学生可以独立高效学习。但从目前课堂教学的现状看，很多教师依然存在着就知识讲知识的问题，不能以知识为例证把教师的教法转化为学生的学法，即没有从根本原因的源头上解决问题。因此，交给学生必要的知识储备，培养学生自主学习能力，正所谓"授人以鱼，不如授人以渔"，显得尤为重要。下面以笔者写作教学《授人以渔很重要——规避学生作文里的掺假与欺骗的对策研究》为例，就能够比较典型地印证基于整体建构视角的"授人（学生）以渔"的重要性：

"授人以渔"很重要！
——规避学生作文里的掺假与欺骗的对策研究

在学生中广泛存在着这样的"口头禅"：一怕周树人，二怕文言文，三怕写作文。可见，作文成了学生的"三怕"之一，于是乎，为了获取理想的分数，不少学生就在日常写作和考场作文中编造假、大、空的人和事，"为赋新词强说愁"，作文或空洞无物，或无中生有，或矫揉造作，或虚情假意……让人生厌。

之所以会出现上述情况，原因是多方面的，经过学生问卷与访谈，最主要的因素还是缺乏写作素材，正所谓"巧妇难为无米之炊"，有些学生就干脆在作文中掺杂使假，自欺欺人。

鉴于这样的事实和结论，结合 2022 版新课标培养学生语文核心素养，特别是写作素养和能力的精神、理念和要求，本人借助《初中生作文素材的积累与运用的实践研究》这项课题，对初中生作文素材匮乏与运用的问题进行了较为有效的探索，为学生储蓄写作的"源头活水"——素材的积累与运用开展了一些尝试，并希望对同行指导学生写作有所借鉴和裨益。

一、研究的缘起

因为写作素材的缺乏，或者说不会积累、储备大量的、鲜活的、典型的写作素材，致使不少学生或畏惧写作，无中生有一些虚假材料入文，这对初中学生来说，是非常不利，甚至是有害的。

1. 对学生"三观"的影响。学生作文"撒谎"，对学生的世界观、人生观、价值观都将带来难以改变的巨大的负面影响，也将直接危害着学生优良的道德品质的形成，因为"文如其人"，学生一旦在作文中"撒谎""掺假"习以为常，并且不以为耻，反以为荣的话，其内心世界自然也就不会明朗起来，灵魂也不会纯洁到那里去，情操也必然不会高尚。这样的学生，走上社会，即使很有才能，也往往成为"危险品"，而不是国家建设的"栋梁"，这样的事例举不胜举，俯拾皆是，应当引起我们教师与家长和学生的高度重视。

2. 对"文风"的危害。众所周知，无论是工作总结、思想汇报、新闻报道，真实都是它们的"生命"，否则，就没有任何的意义与价值，而实事求是的文风，就有赖于从小的培养，如果学生自写作开始，就说真话、抒真情，长大成人也就不会说谎成性，相反，一个习惯于欺骗的人，又怎么会有优良文风的养成呢？

3. 对"分数"的损失。不管平时作文，还是升学考试，胡编乱造、缺乏真情实意的作文，都绝对不会得到高分，甚至不及格，这是作文的评分标准与规则所决定的，所以，瞒天过海、信口雌黄的"假"作文，必将直接导致学生作文分数的减低，对此，教师、学生、家长务必关注，不要拿作文分数开玩笑、当儿戏。

可见，"撒谎"的作文，危害是巨大而多方面的。必须引起语文教师的高度觉醒与力行。

二、研究的策略

1. 记下学生自己生活中有价值的所见所闻的素材。包括学校、家庭与社会上发生的人和事。学生每天生活、学习在学校和家庭，在节假日外出活动、购物、旅游……或上、下学的路上，总会有一些或大或小的事情发生，对此，不可熟视无睹，充耳不闻，教师就告诉学生，要努力做到：用心去观察，用心去筛选，再用心去记录——从初中的起始年级六年级就开始，每个学生备有一个"作文素材本"，按照学校篇、家庭篇、社会篇或其他方面分门别类呈现，文字可多可少，但应尽可能每天不落，持之以恒，这样，日积月累，应该可以储备丰富、真实、多样的写作素材，并拟出该素材可用于哪个作文题目的写作中。

2. 能够吸纳课本中的经典素材。课本中有大量的、古今中外的精品素材，能够直接或间接地使用到学生自己的作文中去，但非常可惜，许多学生不能够灵活、变通地使用课本中现有的素材，这种情况，在笔者班级中就较好地得以解决：在教学中，教师务必树立读与写有机结合的意识，在教学某个有代表性的事件或人物时，要提醒学生如何使用这一课本里的素材与资源，同样思考这样的问题：每个素材的运用方向。久而久之，学生就会习惯成自然。比如：

初三课本。假如是写故乡、人物主题文章的，契诃夫的《变色龙》、鲁迅先生的《故乡》，在选材与立意等方面都是可以"仿效"的。

初二课本。写作"爱在人间"主题作文，如鲁迅的《藤野先生》、朱自清的《背影》、朱德的《回忆我的母亲》。

初一课本。写作"有家真好"的命题作文，莫怀戚的《散步》、莫顿·亨特的《走一步，再走一步》、史铁生的《秋天的怀念》等，一定能够给学生提供应有的帮助。

预初课本。写作"地球家园"的主题作文，李剑波的《只有一个地球》、梁衡的《青山不老》、苏金伞的《三黑和土地》等，一定能够给学生提供应有的帮助。

所以说，课本如果能够利用好的话，对学生的写作就会有很大的益处的，这从日常与中考高分、满分作者的学生身上得到了实实在在的验证。

课文就是同学们写作最佳、最实用的范本，无论是文章的标题，还是选材的独特性、新颖性，立意的独创性、深刻性，语言的精粹、结构的精准等方面，都可圈可点，值得同学们咀嚼、回味、学习与借鉴。

3. 精选报刊、网络等上面的典型素材。包括美文、时文与新闻事件等。如精选经典素材、时新素材、人物素材、鲜活素材、哲思素材等时文，并做简要点评。对情感丰沛、言语优美、短小精悍、富含哲理等类型的时文、美文进行解读，教师辅以适当点评，力求独到深刻，侧重写作技法指导，力求做到对学生写作有所启发。

教师在指导、示范一段时间后，放手让学生如法炮制，要求他们选取一些文字优美、情感优雅、思想正向的美文或切近热点、论述深刻的时文，以期对学生在文字上加以熏陶，情感上加以感染，从而带来心灵的触动，并能在其作文写作上提供一些审题立意的技巧，以便适时地运用到各自的写作实践中去。

对新近发生的、国内外的新闻事件，可以按照事件回放的方式，以叙述性的语言将所选的热点、焦点事件表达完整，参考新闻五要素——何时、何地、何事、何因、何人的式样摘记。可以有适当的评论，也可以只是客观地叙述新闻事件。

三、研究的"说明"

学生积累了丰富的作文材料，并不代表就能够写出优秀之作，所以，教师还要就如何运用已有的"米"，做出色香味俱佳的"饭"来加以点拨。

（一）作文并非生活"镜像"式的呈现

1. 真实不等于原封不动地反映世事

众所周知，文学创作上一个重要原则——"源于生活高于生活"，同样适用于学生的作文写作，也就是说，学生作文，当然不是原原本本地把生活、学习、交友、娱乐等方方面面的事情不经选择地就写进作文中，而是要有一定的艺术加工、润色和整合，只有这样，写出的文章才有典型性，关于这一点，文学巨匠鲁迅先生早就指出过：写一个人，为了突出他的个性特点，他的衣服可以是山西人的，嘴可以是浙江人的，脸可以是北京人的……即"杂取种种人，合成一个"。

由此可知，学生作文，绝对不是像我们日常照镜子那样，将人物的五官一成不变地展现出来，而是需要适当的修饰、美化的。

2. 高于生活但绝不能架空生活

我们说，作文可以"加工""虚构"，但并不是说可以凭空想象、信马由缰、随心所欲，脱离生活的真实，除非是写童话、寓言、小说与想象作文。真人真事是作文的生命线，这一底线不能突破，有的学生为了猎奇或是为了博取老师和阅卷者的同情、好感或"怜悯"与高分，不惜违逆真相，编造出荒唐的故事来。

如有一年高考作文题是《战胜挫折、苦难、不幸》，有许多学生写到尽管父母身患重病，但自己依然没有被这样的不幸所击倒，而是拼搏努力，实现升入大学的梦想；有的学生说，自己的父亲或母亲惨遭车祸而残疾或离世，自己承担巨大悲痛而走进考场；还有的学生说，为了班级的荣誉，把爸爸、妈妈新买的、雪白的手绢拿来擦拭班级的窗户、黑板，等等，凡此种种，不一而足，让阅卷老师啼笑皆非。

通过调查，当年就没有一个是学生作文中记叙的那种情况的出现。

因此说，这样的学生作文，理当判为低分或不及格，这与

"杂取种种人，合成一个"有着本质的区别：这样的学生作文，是无中生有，混淆视听，而"杂取种种人，合成一个"，则是真实存在的，身边就有这样或类似的人和事，只不过是作者对此进行了聚合、统整，使人物形象更生动、更感人，目的是使事件更有典型性和代表性。

鉴于以上的分析和研究，教师一定要告诉学生，在写作的时候，一定应该正确理解和准确把握"来源于生活又高于生活"的写作尺度、定律和原则，合理、有效地打通生活的真实与艺术呈现的通道，写出文质兼美的佳作来。

（二）作文的"平淡"素材也能出新

学生的世界与生活领域，就决定了不可能有很多惊天动地的事情发生，也就是说，学生的视界里，"平淡"素材最多，那如何将不起眼的细小素材表现出深刻的大主题，让作文能够源于生活又高于生活，从而平中见奇，以小见大呢？

方法很多，通过课题的实践研究，以下方法，非常实用和奏效。

1. 拓宽熟悉的生活视野，捕捉自己特有的经历与体验

这是写好作文，并能够胜人一筹的"法宝"之一。比如写作文题《触摸城市与感受乡村》，有的学生就是这样行文的：有些同学由于爷爷奶奶或外公外婆在农村，或有的学生由农村转学到城里，可能在农村生活过，这份经历相对于始终生活在本土城市

的绝大部分同学而言，就是一份独特的素材。

（1）状写农民的性格。他们身上既有朴实、单纯的一面，也有因学识和眼界而造成保守、落后的一面，在新的时代大潮里，农民要提升自身素养，做到与时俱进。

（2）城市化背景下的冷思考。城市化的迅速发展对农村造成的巨大的冲击，特别是失地农民的利益保障问题，城市与农村如何协调发展，如何保住农村的优美环境不被污染，值得思考与行动，等等。

总之，学生只要认真寻找自己生活中独特的、与他人不同的地方，就能够写出新意作文来。

再如写亲情，是学生从小学到现在一直经历过、感受过的情感，有的学生就能够在真实体验的基础上，通过合情合理的构思，写出跌宕起伏的故事，反映有意义的主题来，请看例文：

熬　汤

母亲是家中的独生女，被外婆、外公视如掌上明珠，从小就被宠爱着。

打我记事起，家中的一日三餐外加消夜都是由父亲亲自出马做的。可是，在父亲换了工作后，他的时间表完全与我的生活规律错开了。除了早餐能勉强应付之外，晚饭就是他插着翅膀也来不及飞回来赶着给我做了。

于是，我的母亲，我那十指不沾阳春水，甚至连方便面都不会煮的母亲，便开始在黄昏绮丽的晚霞中，在锅碗瓢盆的交响曲中，为她亲爱的女儿炒菜熬汤。

母亲学煲汤的过程并不漫长，在烧坏了几个锅，烫了几个水泡后，她就可以像模像样地为披星戴月，风尘仆仆的我端上一锅热气腾腾，香气扑鼻的汤了。也就是从那时起，母亲身上沉睡多年的女人天分被这浓郁的香味唤醒了，她开始对熬汤表现出极大的兴趣，甚至还在手机上下载了关于煲汤的软件，一有时间就将自己关在厨房里研究。直到有一天，舅舅尝到锅里的汤后，他那难以置信的表情就决定了母亲下一阶段一发不可收的开始。

然后，每晚夜宵的内容就像京剧里的脸谱一样，花样翻新起来，从平常的什锦蔬菜汤，蛤蜊豆腐汤，到冬日的羊肉汤，赤豆汤，到滋补的山药排骨汤，枸杞老鸭汤。慢慢地我看到了母亲因操劳而粗糙的双手。

那天我窝在沙发里，正享受地啜着碗里的红枣木耳汤时，突然想起一个问题，便问一旁的母亲："妈，您给我做饭已经够累了，怎么还会想起来给我熬汤消夜呢？"母亲愣了愣，温柔地拭去我嘴角的油腻，缓缓开口："因为你正处在青春叛逆期，一不顺你心就大发脾气，我不敢和你说太多话，怕惹你心烦，所以只好一个人在厨房里慢慢熬汤……"

听着母亲说的话，我在散发着香味的袅袅热气中，低下头来，泪流满面。原来，在我肆意挥霍青春的时候，对母亲冷眼相对抑或是大发雷霆的时候，母亲默默忍受着，将自己对女儿的一颗沸腾的心，放进锅中慢慢煎熬。等着女儿长大的过程，就像等着一锅汤煮熟的过程，是急不得的。而母亲唯一能做的就是像往汤里放菜一样，将自己对女儿深切的爱，掺进浓郁的汤里。

可以说，本文就是作者特有的经历与体验的"产物"与"结晶"，值得学生内化、吸纳和学习。

2. 从兴趣、特长方面，挖掘自己独有的心得和感悟

主要是说，不管是自己的兴趣，还是爱好、专长，是学生本人独一无二的，不会与别人的素材雷同、撞车。惟其如此，才具有新颖性与可读性。

比如，喜欢军事的同学，可以看看中央电视台的《军事天地》和有关的书报，从自己所掌握的各种军事素材中找到写作的素材和灵感。

对艺术情有独钟的同学，可以结合所掌握的艺术家的身世遭遇、艺术风格等等来作为作文的素材。也可以结合自己所看到的电影、电视剧中的情节、人物形象或者演员、导演的相关故事等作为自己的素材。

3. 体味丰富真挚的情感

毫不讳言地说，现在有一些学生在写作文的时候，不是缺乏素材，因为现在获取素材的渠道实在是太多，可谓四通八达，有名目繁多的书刊，有随时随地可以浏览的网络咨询，等等。也非教师没有传授写作技法，而是积累不足，对素材视而不见与应有的筛选、思考和提炼，从而出现了写作时"我"不在场的情况。

对此，学生在写作的时候，就是要对经历过或所见所闻的生活重新唤起记忆，找回有价值的细节，聚合情感，激活写作的灵感，从而表现出自己的真情实感。

如有篇中考满分作文《就这样慢慢长大》的结尾："就这样，我在体验舞蹈的过程中慢慢地长大了，我相信，用心去做每一件事，总有一天，我会到达那阳光灿烂的远方，那时，路上的荆棘化成了花朵，荡漾着温柔与笑意！"

这样具有强烈抒情意味的语句，就为文章增光添彩，成为文章的点睛之笔，亮点鲜明，卒章显志。

四、研究的成效

通过本课题的研究，达到了预期目标，主要表现在：

1. 多数学生不再为写作素材的枯竭而苦恼，至少，就连部分写作基础薄弱的学生，也可以在规定的时间里，能够写出符合题意、字数等要求的作文来。

2. 截至目前，学生在区级与联考中的作文得分都高出平行班的平均分，在选材、立意等方面，都有了较大进步，可喜可贺，让人欣慰。

3. 有多位学生作文刊发在《学生导报》《新读写》《语文学习报》《中华少年》《上海大众卫生报》《中国中学生报》《新民晚报》《作文》《作文与考试》《创新作文》《快乐作文》《作文周刊》《阅读与写作》等国家级和省、市级报刊上，极大地激发了学生的作文兴趣与热情。

"为有源头活水来"，通过本课题的研究，唤醒与培育学生都能够用心观察生活、反思生活、提炼生活、浓缩生活、体悟生活的意识和习惯，拥有作文的源头活水——素材，再适当地运用到作文中去，写出更多、更好、更美的上乘之作来！

正所谓"授人以渔"很重要，很关键，不管是作文教学，还是其他方面，概莫能外。

（2）明确知识获取过程，培养学生学习能力

教育心理学的研究成果表明，如果只是一味地向学生进行方法的训练，则效果不明显，在引导学生掌握学习方法的时候，一定要结合知识展开教学。为了直观地论证这一做法，请看下面笔者的教学研究成果《优化路径，为教学赋能》，就比较全面地阐释和践行了学生"学的活动"为主体，培育和增进学生学习能力的实施路径与方法：

优化路径，为教学赋能

摘　要　本文主要围绕"为了需求的教学""针对实况的教学""师生互动的教学"和"评价指引的教学"等四个板块的研究与实施，来阐释如何改变从"教的活动"的课堂教学，走向"学的活动"，从而让学生的"学"相对丰富、多样，学生的"学"具有结构性和完整性。变"讲堂"为"学堂"；变"重教法"为"重学法"；变"重传递"为"重建构"。形成较为系统、扎实的课堂教学改进运行机制，优化教学路径，赋能课堂教学，提升课堂教学有效性，为减负增效提供了有利抓手。

关键词 学的活动 学生主体 课堂教学有效性 实践研究

基于"双新"背景下的教学，一定是这样的课堂：促进学生的"学"积极、主动，从而让学生的"学"呈现出结构完整，形成体系。探索、推进"以学的活动为基点"的课堂教学，提高课堂教学的效率，是课程与教学论研究的方向。营造"以学的活动为基点"的课堂教学，提高课堂教学的效率，是中小学教师专业发展的方向。"以学的活动为基点"的课堂教学，提高课堂教学的效率，是基础教育课程与教学改革的方向。以学为特征的课堂教学，呈现出新课标的思想，从而让新课程理念走深、走实。

一、概念界定

①"学的活动"：就是在教师的导引下，营造适切的学习情境，通过学生主观能动性的充分发挥，让学生积极地参与到学习的内容与环节中去，实现真正的自主学习，建构知识体系，培养学生的兴趣与能力的学习活动。这正契合了"义务教育语文课程实施从学生语文生活实际出发，创设丰富多样的学习情境"① 的要求。

②"以学的活动为基点"：这里的"基点"就是中心、重点的意思。因此，"以学的活动为基点"，即是指根据学情，选择教学内容，组织教学环节，营造对话的学习氛围，关注学生的学习状态，用好教学现场的课程资源，根据学生学习进程安排时间，控制、调节教学节奏，将教案中的"教学目标"转化为课堂教学的结果，使课堂教学省时、高效。

---

① 中华人民共和国教育部.义务教育语文课程标准（2022年版）[S].北京：北京师范大学出版社，2022：4.

③ 课堂教学有效性：本课题中所说的课堂教学有效性，主要是指教师遵循教学活动的规律，做到事半功倍，其核心要义是有效果、有效率、有效益。

二、实施过程

在深刻认识到"为了需求的教学""针对实况的教学""师生互动的教学"和"评价指引的教学"这一实施的整体框架的基础上，展开具体的教学实践和研究。之所以按照这样的四大板块进行实践研究，主要是基于如下的思考和依据：

"为了需求的教学"，就是说，教学是"为了一切学生""一切为了学生"，这样的教学理念，学生的学习目标与教师的教学目标更清晰，针对性更强，教学的有效性也就更高。

"针对实况的教学"，因为学生是具有个性化、层次性特点的，包括学习基础、学习能力、智力因素、家庭背景等方方面面是参差不齐、千差万别的，这就决定了教学要采取针对学生的实际情况，运用分别化的教学策略，形成较高个性化、适应性的教学，以及较细的教学安排，从而提高教学的效能。

"师生互动的教学"，这是新课程所倡导的，"课堂互动中，教师要关注学生知识基础、认知过程、思维方式、态度情感等方面的表现，"[①]并被实践证明了的有效的教学，因为，教学是师生交流、交往和对话的过程，在教学中，教师与学生必然处在信任、理解、呼应的氛围中，教学才是有效的，包括师生间的相互理解、

---

① 张彬福等. 大单元·大概念·单篇教学 [J]. 中学语文教学，2023（6）：7.

默契，进而是知识的理解，身心、情感的共鸣、融通，教学目标的达成，作业的布置、完成，借助协商、认领。可见，教学目标清晰，师生共同规划的教学，能够获得理想实效。

"评价指引的教学"，通过适切的教学评价，指引学生顺利、圆满、快乐、自主地学习。"课堂教学评价是过程性评价的主渠道。教师应树立'教—学—评'一体化的意识，科学选择评价方式，……注重激励学生，激发学习积极性"，[①] 这样的教学，之所以有效，就在于评价和指引机制的建立，通过建立标准和测评激励，激发学生学习的主动向、积极性。以古诗文默写为例，一首8句的诗，56个字，对基础好的学生，正确率为80%就算合格；而对基础薄弱的学生，能够对一半的，就算"过关"，剩下的内容，通过教师、同学的帮助，可以延后掌握。

在这一教学中，还可以采用学生自评、互评，作业、试卷互批，学生自行命制单元卷、期中期末卷等，来掌握知识，主动学习。

（一）学情分析

开展本项教学实施研究，需要开展学的活动的原因、学情等适切性分析，"语文教师要紧密围绕课程标准实施和教材使用过程中出现的突出问题，立足学情，因地制宜，以研究的态度探索问题解决的办法，提高教学研究水平"。[②] 为此后的课堂教学提供第一手依据，为教学实施做好充分准备，参照下面的教学准备工作表等表格。

———————————

① 崔允漷.如何开展指向学科核心素养的大单元设计［J］.北京教育，2023（02）.
② 章巍.大概念教学15讲［M］.北京：中国人民大学出版社，2023：9.

教学准备工作表（普适性）

执教课题		执教班级	
本班学情简介（包括有特殊需要的学生）			
教学目标设计			
教学目标阐释			
教学方法说明			
学习困难预测			
课程资源列举			
评价程序采用			
评价结果处理			

执教老师：

年　　月　　日

量表开发准备工作表（中学散文教学）

篇目：　　　　　　　　　　　填表教师：

填表时间：

我想要教什么（包括对这篇课文文体、特征的解读和分析） 不要使用概括性的词语，尽可能细致地描述出来，如课文用了什么样的语言（形式）特色传达了作者的什么样情绪、情感或感受等。
学生学习这一教学内容的难点是什么？ 我们可以用什么样的方式知道学生的困难？（可尝试性地罗列几种） 如是直接提问"你有哪些地方不懂"的方式，还是让学生写读后感，然后由教师判断学生难点的方式。
我打算组织哪几个教学环节或活动：
在第一个教学环节（活动）中，学生的有效学习行为是：
在第二个教学环节（活动）中，学生的有效学习行为是：
在第三个教学环节（活动）中，学生的有效学习行为是：

（二）学程设计

根据学情分析，施教者进行学程设计，以便课堂教学能够很好地达成针对性和实效性。

教学设计表

学科：	课题：		教师：
年级：	班级：	人数：	日期：

一、教学目标

二、制定依据

三、教学重点

四、教学难点

教学过程

教学环节	教师活动	学生活动	设计意图

续表

板书设计：			

（三）学习诊断

在教学之后，结合下面的"教后反思表"，对教学活动，尤其是学生的学习实效加以及时的诊断、总结和反思，以便在接下来的课堂教学中扬长避短。

教后诊断、反思表

执教课题		执教班级	
学生在多大程度上参与了教学活动？			
学生都学到了我想要教给他们的东西了吗？我的教学目标达到了多少？			

在教学中,我是不是改变了我的教学计划? 如果改变了,为什么?
如果有机会再次给同样的学生上同样的课程,我会在教学时作哪些调整? 为什么?
提供学生的作业样本,样本应该反映本班同学的能力水平以及你对学生提供的反馈。

执教老师:

年　　月　　日

（四）学业规划

学科教师根据学生的自身特点,包括性格特点、能力特点等,确定学生的阶段性学习目标,进而确定学业路径和方向。

（五）学法指导

对于不同学段,应依照学段特点,对学生进行学法指导,参见下表。

不可否认,教学中偏重接受学习、死记硬背、机械训练的情况依然存在。本项教学研究，倡导改变学生的学习方式，注重建立新的学习方式，主要包括自主学习、合作学习、探究学习。学生是学习的主体，倡导学生参与确定学习目标、学习进度和评价目标，在学习中自觉思考，能够在解决问题中学习。

在教学活动中，教师落实互动式、交流式的合作学习，为不同层次的学生提供参与学习、体验成功的机会，在合作学习中有明确的责任分工，促进学生之间能有效地沟通。在探究性学习中，通过设置问题情境，让学生独立、自主地发现问题。通过调查、信息搜集及处理、表达与交流等活动，经历探究过程，获得知识与能力，拥有解决问题的方法，获得情感的体验。

（六）评价量表

有针对性地设计"学的活动"课堂教学研讨课评价量表，借此对课堂教学改进和完善。

"学的活动"课堂教学研讨课评价表

授课教师：_____ 学科_____ 班级_____

时间：_____ 课题：_____

（注：注重从"学"的视角观察评价这堂课。）

序号	内容	评价因素	分值	得分
1.	课前	《课前准备工作表》填写到位。对教学内容、学情、教学目标等要素的分析精准。	5	
		硬件准备到位（教案、材料、多媒体等）	5	

序号	内容	评价因素	分值	得分
2.	课中	教学内容的选择,是否与学生的学情相适合,是否根据学情进行了整合或调整?	10	
		教学环节是否组织了较充分的学生"学的活动"?	10	
		教学过程中学生"学的活动"是否充分展开?所设计的活动是否支持学生对核心内容的学习,有助于达成教学目标?	10	
		老师是否提供给学生充足的自我思考、接受或提问的时间与空间?	10	
		老师对课堂生成性情况能否正确把控,能否根据学生的学情施教?	10	
		教师的核心素养如何?(教学用语准确,语言有感染力,英语老师口语准确流利,板书设计合理,书写工整)	10	
		教师应对课堂的能力怎么样?(肢体语言、与学生的目光交流、课堂纪律的调控等)	10	
		学生对课堂是否感兴趣,专注度是否高,课堂的参与度是否高?能否自我思考、敢于质疑?	10	
		学生是否能较好地达到预设的学习目标?	10	
总分			100	
点评:				

（七）付诸实施

现撷取其中一课的课堂教学实施过程，以便管中窥豹：

为"学"而教
——"以学的活动"为基点的《故乡》
教学案例与教学反思

一、导入新课

师：同学们有没有较长时间，比如三五天，二三个月甚至几年时间离开家，离开父母？

生：……

师：你想家了吗？

生：……

师：当你想家，且回到了家乡，发现家乡与先前有了变化（或好或坏）时，

你们的心情会怎么样？

生：……

师：是的，面对变化了的家乡，每个普通人都有自己的不同感受，不同心情，那么，作为文学大家的鲁迅，面对离别二十年的故乡，又会生出怎样的感慨心情呢？之前，已经让同学们预习了鲁迅的《故乡》，哪个同学先来说一下？

二、新授内容

生：……（悲凉）

师：你的依据是什么？

生：……（顺数第二段）

师：文章接下来是不是紧接着就写了"悲凉"的心情和具体体现呢？

生：……（没有）

师：是的，作者没有紧接着写，而是宕开一笔，说明了这次回乡的原因，是……

生：……（第 5 段。）

师：这里，老师补充一下本文的创作背景：1919 年 8 月，鲁迅在北京买下了西直门内公用库八道湾 11 号的住宅，于 11 月 21 日迁入，结束了长期的会馆生活；12 月 1 日，鲁迅离开北京南返，于 4 日抵故乡绍兴，在家停留至当月 24 日，与同族十多户人家共同卖掉新台门故宅。卖掉后，鲁迅把家里的什物"可送的送，可卖的卖"，都作了处理，只把三只书箱寄存在五云门外张栏生家里。4 月 24 日的下午，鲁迅"以舟一艘奉母偕三弟及眷属带行李发绍兴"，于 29 日回到北京。这次回到乡间，幼年的伙伴，农民章运水特地从农村进城来探望鲁迅。章运水刚过 30 岁，已是满脸皱纹，形容憔悴，向鲁迅讲述了他的悲惨处境，引起鲁迅的深切同情。1921 年，鲁迅将这次回乡的经历，艺术地再现于小说《故乡》中，并以章运水为原形，塑造了这个朴实的农民形象。

师：从刚才我补充的创作背景和注释 1 可知，本文是一篇小说，那么，文中的"我"是否就是鲁迅本人；小说的主人公是谁呢？

生：……（是鲁迅本人或不是）

师：这里，同学们要理解鲁迅先生总结的小说的典型化创作方法：

一是"所见的事迹，大抵有一点见过或听到过的缘由，但决不全用这事实，只是采取一端，加以改造，或生发开去，到足以几乎完全发表我的意思为止"（《我怎么做起小说来》），本文就是作者对迁居一事进行改造之后写成的一个完整的故事。

二是塑造人物时，人物的模特儿"没有专用过一个人，往往嘴在浙江，脸在北京，衣服在山西，是一个拼凑起来的角色"（同上）。这就是"杂取种种人，合成一个"的典型化手法。

因此，同学们要明白生活实际与创作虚构的关系，理解《故乡》中有鲁迅回乡迁居的影子，但作品中的"我"并不等同于作者鲁迅。

第二个问题：谁是作品主人公？

生：……（是或不是）

师：这在学术界尚有不同的意见。

一种看法是："我"是推动矛盾冲突发展的主要动力，其他人物都是环绕着"我"的活动来安排的，推动着故事情节的发展和深化。（冯光廉《故乡》研究之研究。）

二种看法是：判断谁是小说中的主人公，不能简单取决于出场次数或占有的篇幅多少，而要看他是否在小说的情节、结构、矛盾冲突中占有的中心地位。闰土在《故乡》中是处于中心地位的，因此，他是主人公（安徽省特级教师蔡澄清）。

师：刚才，同学们已经说过，作者回乡的心情是"悲凉"的，依据是什么？

生：……（故乡的人和故乡的景。）

师：现在，我们就随着文中的"我"，一起走进闰土的"世界"。

师：鲁迅是怎么样来描写闰土的？童年的闰土与少年的闰土有什么不同？

生：……（第12段、15段）。不仅如此，这说明闰土会装弶捕鸟（第14段），会月夜刺猹（第12段），会管西瓜（第21段），认识各种鸟（第18段）和各种贝壳（第21、27段），还认识"鬼见怕"和"观音手"（第21段），他"心里有无穷无尽的稀奇的事"（第29段）。

师：如果用一个词来概括这时的闰土，应该是？

生……（"小英雄"）

师：就是这样一个有着多种本领，英姿勃发的"小英雄"少年闰土较之"我"更是一个富于表现力的少年，是一个有更多的新鲜生活和新鲜感受要表达的少年。在"我"这次回乡时又见到了吗？

生：……（没有）

师：此时的中年闰土又是怎样的呢？

生：……（第55、59、72段）

师：从中可以看出，此时的闰土已成了一个"木偶人"了！这是多么大的变化！鲁迅为什么要写这些变化？又是怎样写这些变化的？先请同学概括一下少年闰土和成年闰土形象特点，再说说作者是如何描写这些特点的，在描写中渗透了作者什么样的思想感情。

生：……（少年闰土：健康、活泼、能干、懂事，和"我"之间没有任何隔膜，是一个机灵、勇敢、天真、朴实的少年形象。作品通过对他的肖像、语言、行动的描写，显示出"小英雄的影像"，字里行间，倾注了满腔的热情和无比的热爱。）

成年闰土：（变得）衰弱、迟钝、自卑、麻木而且和"我"之间已经隔了一堵墙。这是一个饱受压迫，倍受摧残的劳苦农民形象。作品也是通过人物的外貌、语言、动作的描写来刻画他的"木偶人"的特征的。在这些描写中，表达了鲁迅对现实的极度愤慨和对劳动人民的深切同情。

师：同学们说得非常好，通过对比描写，少年闰土与成年闰土已经判若两人。那么，是什么使闰土从"小英雄"变成了"木偶人"的呢？

生：……（第74段）

师：切中要害。封建礼法观念将闰土的人性扭曲了，他不再敢主动地去感受世界，思考生活，思考自己。久而久之，精神麻木了，他已经成为一个十足的木偶人。

师：文中对闰土的描写在写作上对我们有什么启发？

生：……（人物描写，特别是肖像描写，一定要抓住特征，并为主题服务。）

师：分析以理服人。我们应学会这种写法，为大家今后的写作服务。

以上是我们对人物——闰土的分析。下面，我们再走进本文的景物描写。

景物——"神异的图画"和"萧索的荒村"

师：鲁迅对"故乡"景物的描写共有几次？

生：……（3次）

师：哪三次？把原文朗读一下。

生：……[一是"我"回到"故乡"时见到的"萧索的荒村"（第二段）；二是"我"回忆起的"神异的图画"（第12段）；三是"我""在朦胧中"想象的图景（第88段）]。

师：这就是通常所说的"现实中的故乡"；"回忆中的故乡（过去时的）"和"理想中（未来时）的"故乡。作品为什么有这样三次描写？他又是如何描写的？

生：……（写"神异的图画"是为了对比"萧索的荒村"。具体描写见课文第2段和第12段。）

师：这些描写对照鲜明，说明了什么？

生：……（写"萧索的荒村"是为了说明中国农村的破产

和现实世界的黑暗）

师：那么，写"神异的图画"又是为什么？是否说明二十多年前的中国农村就是一个美好的天堂？

生：……（不是的）。

师：为什么？

生：……（我脑海里忽然闪出的那些美丽的景物，与"萧索的荒村"相对比，突出"萧索的荒村"，同时，是由回忆少年闰土而引起的联想，这是一种文学笔法，目的是借以衬托和对比现实中的故乡，从而突出主题。）

师：在文章结尾，作者为什么还要写"朦胧中"的想象，而且基本上是重复"神异的图画"的描写？

生：……（这是对现实故乡的不满，希望能改变现实，与开头的"萧索的荒村"形成鲜明对比，也与记忆中的"神异的图画"相融合，从而给人以美好的印象和鼓舞力量。这不是简单的重复，而是进一步深化了小说的主题。）

师：朗读末段。

师：本文的这些景物描写对我们有何启发？

生：……（写景要配合人物，要为主题思想服务。）

师：这节课就上到这，下课。

【教学反思】

本课的教学，紧紧围绕"学的活动"课堂教学研讨课评价量表设计和展开。同时，《故乡》中渗透、蕴涵着丰富的忧国忧民的民族精神和生命教育的教育教学资源。教学中，能够充分挖掘、利用好这样的资源，无疑能够取得理想的成效。本文教学之后，通过一次小的综合练习，反映出教学目标已较好达成，具体说来：

民族精神教育。文章通过作者回乡所见"萧索的荒村"景物与"悲凉"心情的描写，以及"神异的图画"的回忆；将"现实中的故乡"；"回忆中的故乡（过去时的）"和"理想中（未来时）的"故乡比照来写，特别是文章最后部分的抒情议论部分，曲折地表达了作者对现实故乡的不满，希望能改变现状，鼓舞当时的人们振作起来，为国家的昌盛，民族的振兴而觉醒，而重生；去积极开拓和寻找新的、有意义、有价值、有目标、有追求的生活道路。给沉睡中的人们以巨大的呐喊和唤醒，字里行间就洋溢着作者浓烈、深厚的民族情怀与强烈的民族责任感，把国民、自己、国家、民族的命运紧密联系在一起，这与2007年5月温家宝总理祝贺同济大学百年华诞勉励师生所说的无论何时何地，都要把自己的命运与祖国联在一起，"同舟共济"是一样的。在教学中，以文本内容为依托和载体，通过反复朗读、诵读、咀嚼、品析文本，尤其是重要、关键的段落、词句，各抒己见，甚至激烈的辩论，决大多数的师生无不置身于作者所营造的忧国忧民的民族情感的氛围里，达到了耳濡目染，潜移默化的熏陶、教化的作用。

生命教育。文章借少年闰土：健康、活泼、能干、懂事，和"我"之间没有任何隔膜，是一个机灵、勇敢、天真、朴实的少年形象，与成年闰土：（变得）衰弱、迟钝、自卑、麻木而且和"我"之间已经隔了一堵墙的巨大反差，写出了闰土从"小英雄"变成了"木偶人"，这一切的一切，无不在有力说明封建礼法制度将闰土的人性扭曲了，压抑了一个人的人性，同时也压抑了他的自然生命力，使他自觉不自觉地忍受一切精神的和物质的痛苦。他不再敢主动地去感受世界，思考生活，思考自己，向往生命的美好。

闰土是当时社会人们生活和命运的写照，反映了罪恶社会对人们生命的无情扼杀与野蛮摧残，令人痛心疾首，而又心急如焚的思想情感。敦促国人要有尊严，有思想地活着的生命憧憬。课堂上，学生几乎都能够由此感受到闰土所处年代的悲惨与不幸，为闰土没有觉醒而感叹，而惋惜，他们说，如果是自己处在那样的时代，绝不会与闰土一样任凭命运摆布而要主宰自己的命运，否则，就是对自己前途、命运的不负责任；同时，也认识到现在生逢盛世的幸运，表示一定奋发图强，珍爱生命，成为国家有用的人。

因此，通过本文的教学，不仅学习了文章语言、写法上的特点，更使师生受到了一次民族精神的教育和生命意义的洗礼。同时，也告诉我们，民族精神的教育和生命意义的教育，应该摈弃无谓的、空洞的、苍白的说教，而要结合学科资源，这样的效果是实实在在的，有说服力的。

存在的不足：教学中发现，虽然布置了预习，但任务不是很明确，没有让学生带着几个具体的问题去读书，极少数学生由于对文章比较生疏，未能从整体上理解课文，课堂上发言还不够充分、积极、踊跃，或是质量不高。

针对存在的问题，应作如下改进与调整：预习时，教师最好能够出示明确的预习要求；让学生查阅相关资料，为教学提供铺垫与支持。

【学生评说】

林同学：教学中，老师非常关注我们"学的活动"的设计，这样，就与被动的学习有着明显的差异。学习了这篇小说，使我更加全面地知道了我们国家二三十年代社会生活、个人生命的不幸，深感自己生长在今天的幸运，提醒我们要热爱祖国，珍惜自己的生命，为国家的强大而尽微薄之力，要活得精彩，活得有意义。

杜同学：与之前学习最大的不同是，老师通过学校推进的"学的活动"项目，来充分发挥和调动了我们学习的主动性，让我们能够沉浸课文，对课文有了深入的理解。在没有学习这篇文章时，总感到自己每天学习很辛苦，不理解老师、父母为什么对我们的学习严格要求，现在，我终于明白了其中的道理，与文中的闰土相比，无论在生活上还是学习上，都不可相提并论，同日而语，我们应当珍惜现在所拥有的一切优越的条件，搞好学习。老师、父母这样对我们苦口婆心，也是为我们好，是想让我们能够成人成材，为国家建设学好本领，使自己的生命能够发光发热，不虚度一生。

这节课是由上师大基础教育中心组织的、江西骨干校长和骨干教师代表团到学校参访、交流时，笔者开设的研讨公开课，受到了来自上海师范大学专家和江西骨干校长和骨干教师，以及本校教师的广泛好评，也让"学的活动"的教学实践成果得以辐射和延伸。

请看笔者撰写的《大概念统领下的大单元教学的设计与实施》一文，同样是基于整体建构的理论而进行的教学。

大概念统领下的大单元教学的设计与实施

摘　要　大概念统领下的大单元教学设计与实施，不仅是新课标所倡导的，也是以往一课一课的教学所不能比拟的，具有它自身的特点和优势，诸如鲜明的主题、知识建构的系统、课与课和单元与单元之间的相互关联等。本文分别以现代文和文言文大单元为例，具体阐释了大概念统领下的大单元教学如何设计与实施，这不仅是对自己既往教学实践的总结与提炼，也期待能够对同仁的教学有借鉴启发作用。

关键词　大概念统领　大单元教学　设计与实施的路径　语文学科教学

大单元教学是新课标倡导的教学方向和追求之一，因其具有整体性结构、系统性关联、整合性逻辑，以及教学效率高、容量大等特点，受到广大教师的崇尚、热捧和力挺。

所谓大单元教学，就是以学生学科核心素养培育为目标，通过整体性和系统性思维，对某一单元或二个单元的学习内容提取适切的"大概念"，经由"大概念"统领大单元的教学内容，将大单元的内容、学习资源等按照逻辑关联，加以有效地统整与嫁接，设计出对应的情境任务，引导学生在学习过程中"形成正确价值观、必备品格和关键能力"。^① 的课程组织设计形式和实施方式。

所谓"大概念"，就是能够凝练、浓缩和聚焦单篇课文与单篇课文（包括诗与诗）或单元与单元之间关联的主题或是核心词或短语。如七年级上册第一单元《春》《济南的冬天》《雨的四季》，就是以"四季美景"这一大概念来统领的大单元。

之所以要进行大概念统领下的大单元教学设计与实施，有着学理与现实的必要性。

"教师根据客观条件，每个学期开展一两次大单元学习活动，锻炼学生阅读加工、梳理整合能力，对全面提升他们的语文能力是不无裨益的。唯一需要注意的是，大单元的设计要关注学生的已知，要有助于切实提升学生的语文能力。"^②

不仅如此，大单元教学，还有着这样的天然优势和长处："从关注单一的知识点、课时转变为大单元设计""改变学科知识点

---

① 中华人民共和国教育部.义务教育语文课程标准（2022年版）［S］.北京：北京师范大学出版社，2022：4.
② 张彬福等.大单元·大概念·单篇教学［J］.中学语文教学，2023（6）：7.

的碎片化教学""教学设计与素养目标的有效对接"。① 正是基于这样的思考与初衷,展开了大概念统领下的大单元教学设计与实施。

先以七年级上册一单元《春》《济南的冬天》《雨的四季》这个大单元教学为例,如何以"四季美景"这一大概念来统领大单元教学设计与实施。

针对这三篇写景、抒情的文章,可以通过以下问题链,来达成大单元的教学目标:

1. 三篇文章都用生动、细腻、传神、精准的语言,对春天与冬天之景,以及四季之雨景进行描绘,在写法上,有何共性与个性?

2. 三篇文章在景物的选取与描述上,有着怎样的取舍与匠心?

3. 三篇文章的作者,分别要表达的主题有何差异?

4. 学习了这三篇文章,对你今后写作类似题材的作文的启发和感悟是什么?

以上问题,其实也是教师进行大单元教学精心规划的"路线图",也是为学生学习这个大单元而搭建的支架,依靠和运用这几个问题,层层推进,不仅能够让每个单篇教学的主要任务得以完成,更能够通过三篇课文的勾连,建立起同类课文阅读必备

---

① 崔允漷.如何开展指向学科核心素养的大单元设计［J］.北京教育,2023 （02）.

的能力与知识体系。具体来说：

问题1：主要是对三篇文章写法特色加以梳理，找出相同与不同。《春》运用了比喻、拟人、排比、引用等修辞手法，使得春景描写生动、贴切；《济南的冬天》，比拟、比喻的运用，将济南的冬天特有的景观刻画得入木三分，如在目前；《雨的四季》，除了比喻、拟人、排比等修辞手法之外，还有名词的使用，听觉、视觉和嗅觉的介入，将雨的四季描绘得各尽其妙。由此可见，三篇文章的相同点与不同处可谓泾渭分明。

问题2：很显然，朱自清的《春》，选取与描绘了春草图——春花图——春风图——春雨图——迎春图；《济南的冬天》则对济南雪后山景的描绘不惜笔墨，重点突出，令人印象深刻；《雨的四季》，将四季之雨，写得"容貌"有别，"性情"各异，语言富有诗情画意。凡此种种，无不体现出各位作者选材的独到与构思的精妙。

问题3：通过三篇文章的通读与比较，很容易得出这样的看法与共识：《春》在篇末借助引用"一年之计在于春"这句俗语，言外之意是："一日之计在于晨"，作者巧妙地引用这个俗语的目的是，旨在卒章显志，告诉读者：春天给人们带来无限希望，激励人们珍惜时间，用心地安排好自己的学习、生活和工作，不辜负美好的春光，做出自己的努力和成绩，以蓬勃的生机和活力，大踏步地上前去。

《济南的冬天》，既状写了对济南特有的冬景的喜爱和赞美，也表达了作者热爱大自然，热爱生活，热爱生命的美好追求。

《雨的四季》，借助真切、逼真的描写，凸显了雨的亲切可爱，寄寓了作者对雨的赞美与喜爱，表达了作者对生命与大自然的热爱之情。

不难看出，三篇文章在主旨上，都借景物描绘，抒发对大自然、生活、生命的礼赞、希冀、期盼与赞美，都给人以勃发的力量与美好之感，都给人以启发和思考。

问题4：属于在大单元课文学习的基础上的拓展与延伸，是语文学科知识与核心素养的具体表现。答案不唯一，不固定，只要言之有据，言之成理，都是值得肯定和认可的。比如，有位同学这样写道：这是本学期老师第一次进行的大单元学习的教学，让我感到与以往一课一课的学习有很大不同，经过本单元几篇课文的"联读""比较""梳理"和"归纳"等过程，让我深深地感悟到，但凡名家名篇，在写作同类事物、题材的时候，都有相似点和着力点，都有相同与相通之处，这就告诉我们，在学习每个单元和每篇课文的时候，既要瞻前顾后，又要建立起彼此之间的联系，通过比较、分析，找到它们的关联，这样，就不是单纯的知识学习，而是建立起一类课文、知识的学习，能够逐步锤炼和培养我们语文学习的综合能力，以及分析问题、解决问题的真实能力。这样的学习，我们喜欢和期待。

从这位同学所写内容的字里行间，分明可以读出和读懂大单元教学所带给学生的收获与教益。

从上述大单元教学设计的问题与简析来看，在进行大单元教学时，应关注以下几个关键性问题：

1. 应依据国家课程标准，特别是具体的学科国家标准、学科核心素养与课程内容要求。

2. 定位单元教学目标、凝练精准的学科大概念、关键问题的设计、核心问题的驱动，都要统筹思考好。

3. 围绕核心任务，分解成各个子任务与之相伴随的教学活动的次第展开。

如果能够依照这样的思路来展开大单元的教学，就是合规、合理与合适的教学，也一定能够取得应有的效果和实现预期的目标。

下面，再以古文大单元教学为例，阐述和说明大概念统领下的大单元教学设计与实施。

现选取八年级下册第三单元《桃花源记》《小石潭记》《核舟记》三篇课文与九年级上册第三单元《醉翁亭记》《岳阳楼记》作为大单元教学的内容与范畴。可凝练、概括的大概念或是主题式教学的关键词是"'记'体"文的特征。

"记"是古代的一种文体，它可以记人、记事、记物、写景等，故又称"杂记"。多以记叙为主，兼及抒情、议论等表达方式。目的在于抒发作者的情思和政治抱负，或对某些问题阐述看法。

按照大单元教学应把握的几个关键性问题，对这五篇初中

阶段"记"体文,基于新课标、学科核心素养与任务驱动学习,设计与实施如下步骤与学程:

1. 说说"记"体文的总体特征,以及五篇"记"体文的各自特点的具体表现。

2. 五篇"记"体文的作者在构思时可谓各尽其妙,请简要说明。

3. 简述作者在五篇"记"体文中所要凸显的意图。

4. 学习这五篇"记"体文后,谈谈你对"记"体文的总体认识与感知。

带着上述问题,来分别探讨与交流。

问题1:以上五篇"记"体文,在文体上有相同点,也有不同。因为,"记"体文写作非常灵活、多元。集记人、记事、记物、写景于一体,并兼具议论与抒情的表达方式。"记"可记山川名胜,如《小石潭记》,侧重对实境(眼前景、事、人谓之"实";把文中的景看作实)的描写,虚(想象、回忆的景、事、人成为虚;把情、理看作虚)境(情感)含在对景的描绘中;可记器物建筑,如《核舟记》,写法上大多以记述、描写为主,兼有议论和抒情成分;按照"记"的定义,《桃花源记》的文体处在"四像"而又"四不像"之间,是游记和小说的"结合体",作者假游记之名,将虚境(社会理想)写实化;《岳阳楼记》《醉翁亭记》则是对实境进行纵向(时间向度)的延伸与扩展。

问题2:《桃花源记》,作者巧妙地通过小说笔法,以一个捕鱼人的经历为线索展开故事情节，文末南阳刘子骥规往未果，又为全文增添意犹未尽之趣，把现实和理想境界相联系，虚写与实写相结合，这样的写法，都是从属于和服务于文章写作的主题和意图；《小石潭记》，景与情有机统一与融合，所绘之景动静结合、点面结合、虚实结合，所写之景与抒发的感情相互渗透；《核舟记》，通过"总—分—总"结构模式的运用，以及"能以径寸之木，为宫室、器皿、人物，以至鸟兽、木石"和"罔不因势象形，各具情态"一句的总写，来体现王叔远构思的精巧，技艺的高超；《醉翁亭记》重点写亭和写游，"乐"字贯穿全篇；《岳阳楼记》，全文记叙、写景、抒情、议论融为一体，文末以"先天下之忧而忧，后天下之乐而乐"收束全文，点明旨意。由此可见，五篇"记"体文的作者在构思上各有千秋，各美其美，都用足了心思而成为千古名篇和永恒经典。

问题3：每篇文章的立意都堪称高远、深邃，这也是流传至今而不衰的重要原因。

《桃花源记》，借由桃花源的安宁和乐、自由平等生活的描绘，流露出作者追求美好生活的理想和对现实生活的不满，无论在当时社会还是当今时代背景下，都有历史价值和现实意义，给人一种美好的向往和期待。

《小石潭记》，生动地描写出了小石潭环境与景物的幽美和静穆，抒发了作者贬官失意后的孤凄悲凉、忧伤抑郁之感，是借景抒情的典范之作。

《核舟记》，通过记述作者对核舟的喜爱，充分体现出作者对雕刻艺术家王叔远技艺高超的赞叹，以及对中国古代民间艺术由衷的赞美之情，主旨鲜明，水到渠成。

《醉翁亭记》，表现出"乐民之乐"的胸怀，也间接地传达出作者自己治理滁州政绩的显赫卓越。这从文中26个"乐"字可见一斑。

《岳阳楼记》，文章赞誉了"不以物喜，不以己悲"的古仁人之心，更亮明了作者"先天下之忧而忧，后天下之乐而乐"的爱国爱民的伟大而难能可贵的家国情怀。

问题4：这是在学完这五篇"记"体文后的总结、概括与提炼，既是对所学有关知识的"温故"，同时，也对后续的高中学习《登泰山记》《游褒禅山记》等"记"体文奠定必要基础与"知新"。包括对文章的选材、构思、立意、布局、表达等方方面面。正如一位同学在随笔中所写：

经历了大单元教学之后，我和同学感受一样，最大的收获就是大单元与之前单课教学差别很大，大单元教学更注重知识体系的建立和关涉，就拿这次五篇"记"体文来说，以前也学习过"记"体文，但对"记"体文的特点等理解还不够深入，印象也不够深刻，而经过本次大单元的学习，则对"记"体文独有特点、相同与不同，以及与其他文体在选材、主题表现、行文风格、表达方式等各个方面，都有了非常深层次的知晓和把握，尤其是对几篇"记"体文之间在内容、写法等方面的比对和勾连，更进一步加深了对"记"体文的全面、精准的认知,让我们清楚地明确了尽管因写作缘由、作者所处的时代背景、身世和表达的主旨有差异,在写作上有所区别,但都具有"记"体文的基本属性。凡此种种,都对我们今后学习"记"体文有很大的指导和帮助。

实际上,这位同学的学习体会和心得,是绝大多数学生的共同心声,代表了同学们经历大单元学习后的真实感受与深切体会,这充分而有力地说明,大单元教学的作用是非常必要而无可替代的。

正如梁启超先生20世纪20年代所倡导的那样:"不能篇篇文章讲,须一组一组的讲。……拿一组十篇做一比较,令学生知是同一类文,不注重逐字逐句了解,要懂得它的组织。"梁启超先生的这段话,可谓精辟至极,这与我们今天的大单元教学有着异曲同工之处,也说明大单元教学很早之前就被语文教学界所采用和重视。

无独有偶,后来,著名教育家叶圣陶先生对大单元教学也提出过指导性的建议,"教材的组织应基于相互联系的单元内容,这与儿童的心理发展规律相适应,更利于系统化地学习知识。"①

因为,大单元教学的核心与关键,就在于知识与能力的习得和养成,打破了零碎而走向关联和系统,促使教与学从浅表、浅

---

① 章巍.大概念教学15讲[M].北京:中国人民大学出版社,2023:9.

层走向了深度与深入，从与生活需要关涉不够紧密而走向注重情境问题的真实解决。

所以，我们有理由相信，在大概念统领下的大单元教学设计与实施，会愈加焕发出它应有的现实意义和生命活力。

正是出于这样的理解和思考，在语文教学中，适合大单元教学的内容还有很多，包括不同年段，如作文教学、古诗词教学和整本书教学、综合性学习的教学等，都可以运用大单元教学思想来展开。这些教学，需要我们在兼收并蓄，学习和借鉴专家、同行研究和实践的成功做法与有效经验的同时，更要积极、主动地探索、总结、反思和改进，如是，就能够让大概念统领下的大单元教学设计与实施发挥好更大的教与学的效益，为语文教学做出更大的努力和贡献。

三、阶段总结

在前期研究和实施的基础上，为了更好地总结研究经验，找出不足，笔者对前期研究及时加以总结。下面就是本人在一次研讨会上发言的部分内容。

笔者历经三年的"以学的活动"为基点的课堂教学研究与实践，取得了较为明显的成效，课堂教学行为上，已由先前教师讲得多，变为学生自主学的活动占主导；学生语文学习的热情高涨，听、说、读、写、思等语文核心素养不断增强，参加全国、省、市、区级演讲、征文等活动，多人获奖。

就教师自身来说，连续七届被评为区级骨干教师。在《中国教育报》《人民教育》《中学语文教学通讯》《中学语文教学参考》《教学与管理》《中学语文》等国家、省、市级报刊发表有关研究文章多篇。

四、纵深推进

（一）教法改进

这是在第一轮基础上，第二轮实践和研究的目标和方向：侧重在教师"教"的活动上的改变，组织"学"的活动相应的教学技术，课堂观察的侧重面转移及观察技术的形成。

（二）专家指导

包括区级研训员和上师大、华师大、上海市教师教育学院专家的指导。在课堂教学研究与实施的过程中，得到了区研训员和上师大基础教育中心专家的大力指导，包括备课、上课、评课等环节，起到了非常显著的作用和效果。

（三）名师示范

在本项研究与实施时段，有幸赶上和得到了上师大承担的"国培班"的一系列活动，对本项目的研究起到了积极的助推作用和影响。如我们学校先后承办了两次"国培班"课堂教学培训活动，上师大的郑老师、杨浦高级中学特级教师朱老师、上海洋泾中学李老师、虹口教育学院特级教师马老师等先后执教了四节示范课，比较全面、系统地诠释和演绎了"学的活动"的课堂教学研究范式，对本人开展"学的活动"课堂教学打开了思路，指引了方向，受益匪浅。

（四）教学文化

在本项课堂教学研究实施的最后阶段，我们将它上升和提炼为教学文化，与学校倡导的"以学定教·情智交融"的课堂教学有机统一与紧密融合，这也是提高课堂教学有效性的必然选择。

1. 多管齐下，助力"学的活动"课堂教学

基于"以学定教·情智交融"的学校教学文化建设目标，学校以更新教师理念为先导，以改进教学方式为手段，通过"学的活动"，提高教学有效性，开展"学的活动"的学科设计与课例的解剖、分析，借助教学五环节的介入与落实，充分调动情境化、游戏式、课本剧等教学方式与手段，营造生动、活泼的教学氛围，探索具有学校特色的课堂教学文化，我与全体教师一样，课堂焕发出了活力，教师的教学行为发生了变化，"以教的活动为基点"的课堂教学转变为"以学的活动为基点"，是教与学的有机融合，从而达到"教师乐教，学生乐学"，形成和谐的课堂教学文化，课堂教学实效明显增强。

第一，教师角色及教学行为的定位。学校根据新课改的要求，将教师的教学行为与教师的角色浓缩总结，定位为八个"者"，即：成为平等的合作者、成为谦虚的倾听者、成为真诚的赏识者、成为得体的协调者、成为资源的开发者、成为得法的组织者、成为有效的促进者、成为扎实的研究者。

第二，优化教学策略，促教学文化生成。聚焦课堂，实现变

"讲堂"为"学堂",变"重教法"为"重学法",变"重传递"为"重建构"的三个转变。同时,强化科研与教学相结合,教学研究与教学管理相结合,教学管理与校本培训相结合,形成较为系统、扎实的课堂教学改革运行机制,全面提升了教学有效性。主要包括:

构建对话型的师生关系。教师改变以往单向的教学互动,寻求建立一种有效的双向或多向的师生教学互动。在互动的课堂中,构建对话型的师生关系,理性的知识与感性的师生情感才能真正得到交融。

对话教学,演绎课堂精彩。对话教学是教学过程中,师生之间通过有意义的交流,不断探究和解决教学中产生的问题的过程,这个过程也是提升师生教学质量的过程。对话教学本身便是不断生成的,在课程生活中的师生互动、生生互动,在活的生命体的相互碰撞中会不断生成新的教学资源、教学内容、教学程序乃至新的教学目标。

第三,追问,让课堂对话富有实效。"追问",顾名思义就是追根究底地问,它是课堂教学中对话策略的组成部分。与一般提问不同,追问是一个相对完整的教学过程。它是教师针对某一内容或某一问题,为使学生弄懂弄通,在学生有了一定的理解之后再次补充和深化,穷追不舍地问,直到学生能够理解透彻。在动态的课堂教学过程中,需要教师根据答问、讨论等学习活动的情况,对学生思维行为作即时的疏导、点拨,"追问"无疑是促进学生学习、实现"有效学习"的重要教学指导策略。

第四，全员合作教学。"设计富有挑战性的学习任务，激发学生的好奇心、想象力、求知欲，促进学生自主、合作、探究学习。"[1] 全员合作教学是一种多维立体的动态合作体系，全员合作教学是对学校整体课程资源的有效整合。它强调师生合作、生生合作、师师合作，形成全体成员参与并合作的教学过程。

第五，师生合作教学。俗话说"亲其师，则信其道"。"让学生'亲师'的目的是为了学生'信道'，……师生关系是教学任务的附属物"，[2] 要促成富有成效的合作学习，师生合作很重要，也是最普遍的方法。良好和谐的师生关系会迸发强劲的教育能量，促进教育教学效果的不断提高。教师放低自己，由权威者转变为学生创造力的激活者、培养者和欣赏者，师生的心与心联系在一起，从而对教学产生了巨大的合力，推动了教学活动向纵深推进。

第六，生生合作教学。学生与学生之间的学习合作，具体表现在课前、课中和课后三个阶段。

2. 评价，激发学生的潜能

教学评价是教学中不可缺少的基本环节，具有导向功能、反

---

[1] 中华人民共和国教育部.义务教育语文课程标准（2022年版）[S].北京：北京师范大学出版社，2022：3.

[2] 李冲锋.走向对话教学——对话教学基本问题探究[J].教育发展研究，2006（5B）：59.

馈功能、激励功能和改进功能，能鼓励学生主动参与、独立思考、勤于动手、乐于探究，大胆求异，建构一种充满生机与活力的教学氛围和机制。教师应在评价中充分了解并满足学生在知识、兴趣、能力、情感等方面的需求，既关注学生的学习结果，更关注学生的学习过程，发挥评价的积极作用，激发学生的潜能，提高教学效果。

第一，正向教育评价。正向的教育是孩子成长的心灵营养，是激发孩子走向成功的动力源泉。而负向教育则正好与之相反，应规避。正向教育，包括表扬、鼓励、赞美、夸奖、欣赏、嘉许、激励、奖励……以表扬为主，传递正向信息，使学生产生高兴、愉悦、激昂等正向情绪。负向教育，包括批评、训诫、警告、指责、抱怨、贬损、惩罚……以批评为主，传递负向信息，使学生产生沮丧、不快、消沉等负向情绪。

第二，实行多元评价。学校倡导我们教师实施多元评价，注重过程性评价，特别是课堂教学中的即时评价，对学生的表现及时、客观地进行评价，使学生分清是非，明确努力的方向，获得成就感。

五、实施成效

通过"学的活动"这一项目的研究与实施，比较好地做到了有规划、有目标，并采用分别化的研究策略，教学中注重师生间的感情交流、知识贯通，以及学习规范、学习方法的养成。

得益于学校"以学定教、情智交融"的课堂教学文化建设目标,充分用好上师大等专家等资源,提升教育理论水平,引领教学研究,获得了令人满意的成效。

（一）学生层面

课堂教学中,真正体现了学生学习的主体地位,由被动、机械的学习,转变为自主、积极的学习,学习的效率更高,学习的成效更显著,学生的综合能力不断增强,在学业成绩方面与各级各类竞赛中都有明显体现,任教班级有超过一半的学生获得全国、市、区级一、二、三等奖的奖项与发表作品。

1. 自主学习能力增强

主要表现在以下方面:

（1）自主管理。在课堂学习与课下学习中,多数学生能够自觉地将老师教给的学习方法、学习要求加以习惯性的运用,做到了对自己学习的自主管理、自我负责。

这从教师课堂教学、作业完成情况、家长反馈等方面都能够得到证明。

（2）自主探究。主要指学生在遇到一些疑难的学习问题的时候,能够与同学合作、交流,或借助网络、图书、报刊等资源,进行探究,对问题加以解决,提高了学生自主探究、自主释疑解惑的能力,从而学会了学习,增强了学习的本领。

这一点,在学生访谈和问卷中得到了证实。

（3）自主作业。因为有了良好的学习习惯与学习方法,学生的作业走向了自主,对于基础比较薄弱的学生,基本杜绝了抄袭作业的现象。同时，对资优学生，一些已经掌握的知识、内容，就不需要再机械重复了，而是把时间、精力用在学习新的知识上。这样，各类学生的学习都做到了各得其所、各有收获。

关于这方面的实例，在任教班级有突出的、有代表性的学生可以佐证。比如现在的九年级（8）班的况同学、朱同学，基础比较薄弱，针对他们的具体情况，采取不同的要求，在作业方面，由浅入深，循序渐进，效果明显，原先不能够独立完成、要教师和家长督促的作业，逐步能够按时递交了，考试成绩也有了进步。

对基础好的学生，如班级的李同学、黄同学等，就为他们开出提高性的作业，让他们的学业水平和能力在更高层次上得到发展。

2. 学习潜能得以激发

在"以学的活动为基点"的课堂教学中，学生的主体地位得到充分体现，学习的潜能得以激发，教师改变了对学生传统的评价模式，代之以积极、有效的正向鼓励的评价：

（1）正向学习评价。即对学生在学习中的表现，给予更多的鼓励、表扬和肯定，以此激发学生乐于学习、敢于表达、大胆交流、各抒己见的热情和积极性。

（2）实行多元评价。包括课堂发言、作业情况、考试成绩等方面，只要学生做得合乎要求、表现突出，就给予及时的、客观的评价，让在不同方面有优异表现的学生，都能够获得成就感、自豪感和荣誉感。由于低年级学生还不能很好地理解这些标准，所以建议将这些标准印发给家长，并根据实际操作中学生出现的问题，结合家长的反馈，不断进行调整和补充。评价的方式采用自我评价、同学互评、家长评价与教师评价相结合的形式进行。

几年来，乘着学校课堂教学文化建设的步伐，教师与学生的"教"与"学"的方式都发生了一些改变：

（1）"学生观"得到了加强。教师将课堂的时间、空间更多地还给了学生，通过有效地引导，帮助学生达成学习的目标。教师和学生平等地进行知识交流、思想碰撞和情感的磨合，从而使学生在宽松亲切的情感氛围中健康成长，在朋友式的切磋中变得大气和成熟。学生的个性得到充分的尊重，自主表现的欲望才能得以张扬，思路变得开阔，发展的多元化也显现出来。

（2）"教学观"实现了转变。教师的教学观念开始由重知识传授向重学生发展转变，由重教师"教"向重学生"学"转变，由重结果向重过程转变，由统一规格教育向差异性教育转变。教师不再是将目光单一地停留在学习成绩、补差补缺和反复操练上，教师努力营造浓郁的课堂人文气氛，重视培养学生能力，给学生自主学习，自练自改的时间，在课堂上更注重学生正确答案获得的途径，注重在课堂单位时间内对学生学习意识与学习能力的培养、锻炼与提升。

（3）"教材观"有了较大突破。参与课堂教学改革实践以来，教师的教材视野在逐步拓宽，并在语文学科中尝试着有效地裁剪整合教材，尝试着"大单元"教学，促使着教学效果的最优化。

（4）学生的自我探究学习能力获得了较大提高。教师观念及教学方法的转变，也推动了学生自我学习能力的极大提升。课堂中，学生们不再被动的聆听教师的传授，而是逐渐习惯于自己主动思考、勇于质疑问难、擅于探究问题、乐于互相交流，学习效果也有了明显提高。

（5）教师主动发展的需求更为突出。教师对自身专业发展的要求更加迫切，更加渴望得到专家的指导、同伴的合作，要求改善自己的知识结构，学会开发利用课程资源，增强对课程的整合能力，提高信息技术与学科教学有机结合的能力。

总之，无论教育形式如何发展，不论在课堂教学改革中会遇到怎样的困难，符合孩子认知规律、符合教育本质、符合以人为本的"以学定教·情智交融"的学校教学文化建设是学校一直不变的方向与追求。

如一位从外省市转进的、成绩比较优秀的学生在随笔中写下了这样一段话：进入新的学校学习，给我最大的感觉是，老师是真正做到了精讲、精练，在课堂上，我们学生与老师互动变得多了，老师的教学方法更新颖了，老师对待我们学生更和蔼、更亲切了，以往老师一讲到底、满堂灌的教学没有了，来到新的学校，对我学习促进非常大，我感到很幸运。

3. 学业成绩稳步提升

自从本项研究实施以来，学生学习自觉性不断提高，学习方式方法不断优化,学习事半功倍,学习压力和负担缓解了,而学业成绩则稳步提升,在历次联合体学校、区级统考,尤其是在中考中,连续几年都是名列区前茅,这些成绩都与本项研究实施密切相关。

一位八年级成绩一般的学生在作文中这样写道:现在的课堂,与以往有了很大改变,老师都非常关注我们每个学生的学习,激发我们的学习自觉性、主动性,包括像我这样学习比较靠后的学生,老师在课堂上常常提问我,我有不懂的问题,也随时举手问老师,以前我对学习非常被动的情况,有了一些改变,也慢慢地对学习有了新的认识,学习有了主动性,成绩也有提高,我和家长都很高兴,也很感谢老师和学校。

(二)教师层面

除了学生是本项目研究实施的最大受益者,作为项目研究实施的亲历者、参与者,更是受益匪浅,教师课堂教学的理念、思想、方式、策略等方方面面无不有了很大的改进,受到了外省市、本市、区和前来考察、访问的国际友人、专家、同行的大力赞赏,可喜可贺。

1. 教师课堂教学意识与行为的改进

借助本项目的研究实施,就是要更加突出学生在课堂教学中的主体、无可替代的地位,我自始至终都以建构这样的课堂为旨归,在行动中研究,在研究中行动,不断、总结和改进、优化课堂教学的策略与艺术,尽可能地体现学生是教学的主人翁的思想意识。

因此，我的课堂教学，提出了打造智慧、高效的教学课堂，更强调在"学的活动"中师生间、生生间情感的互相交流，思维的互相碰撞，形成充满生机、和谐的课堂，促进温馨和谐师生关系的建立。

课堂上教师敏锐感受、准确判断教学中生成和变化的新情况新问题，在与学生情感的共鸣中，做出及时的决策和选择，调节教育行为，引导学生热爱学习和创造，在学生才智升华的同时，课堂也成为一个能够进行师生心灵对话的场所。在"情智交融"的课堂中，学生的兴趣得到了激发，探究的欲望得到了激活，知识的社会价值得以体现；在"情智交融"的课堂中，学生会体验到求索的愉悦和求知的快乐，师生的智慧之花在互动与对话中竞相绽放。

我们的课堂教学，是"以学定教"的课堂，是以生为本、生生互动、师生互动、平等民主的课堂；我们的课堂不仅仅是创造知识和传承知识，更是学生综合素质得以发展的场所；我们的课堂是教与学的有机融合，从而达到"教师乐教，学生乐学"，形成和谐的课堂教学文化，这是高品质课堂教学追求的理想境界，我们一直在路上。

2. 教师专业发展令人欣喜

在本项目研究实施的几年时间里，为贵州、江西等地师生开设展示课与讲座等十多节次；成为区级骨干教师；发表"以学为基"等主题文章九篇，获奖六次。

（三）学校层面

在不久前区级开学督导课堂教学的听课环节，督导室给予比较高的评价：以学的活动为基点，提高课堂教学有效性的研究实施，对教师课堂教学的改进起到不可替代的巨大作用。

（四）家长层面

家长称赞课堂教学的优化。通过参加教学开放日和孩子的感受与介绍，家长对教师课堂教学的生动活泼，学习效率的提高，给予很高评价，赢得了家长口口相传，广泛赞誉，有的家长还不断写给学校表扬信，对教师课堂教学给予极高评价。

六、反思改进

回顾本项目的研究与实施，有以下方面值得关注：

1. 课堂教学文化突出求真启智的特色

课堂教学文化对学生的影响可有两个层次和形式：一是以文化的外显知识形态影响学生；二是以知识的精神意义以及教学思想、价值观念、师生关系、教学方式方法、教学空间等所折射出的深层的、潜在的精神意识和品质影响学生。前者可谓文化知识，后者则在于"唤醒生命""催发灵魂""陶冶性灵"，是"教育之根"和"文化之根"，是内在于生命本质的精神文化的重要组成部分。所以说，"学的活动"课堂教学文化的建设非常重要，这也是本项目研究得出的重要结论之一。

2. 学生文化的建构体现学生学习的本位

这就是强调学生学习的主体性地位。课堂教学的改进，需要学生的支持与积极参与，充分彰显每个学生学习的主体地位。同时，要协调好个人和整体的关系，学会合作学习。

总之，在"双新"背景下，需要教师优化教学路径，只有这样，才能赋能教学，从而提质增效，取得教与学的双赢。

为了进一步例证"明确知识获取过程，培养学生整体学习能力"与学习方法，从而走向深度学习，现以《深度学习策略在语文教学中的研究与实践》为例，结合具体的文本知识教学加以呈现：

深度学习策略在语文教学中的研究与实践

摘　要　在语文教学中，教师能够真正运用和实施好深度学习策略，就能够引领学生走向更深入、更全面、更精准的学习，从而促进学生学会思考，习得能力，并且能够举一反三，成为主动、积极学习的主人，享受到学习的乐趣和收获。

关键词　深度学习；语文教学策略；享受学习快乐

所谓深度学习，是指通过探究学习的共同体促进有条件的知识和元知识发展的学习，通俗地说，是指基于理解的学习基础上，学习者能够批判性地学习新的思想和事实，并将它们融入原有的认知结构中，能够在众多思想间进行联系，并能够将已有的知识迁移到新的情境中，做出决策和解决问题，与那种只是机械地、被动地接受知识，孤立地存储信息的肤浅学习不同，它强调每个学习者应基于自己与外界相互作用的知识经验，在建构自己的知识，而不是等待知识的传递，它是互动生成性的，积极主动的学习。这与2017年高中新课标和2022版义务教育新课标所倡导的情景学习、探究学习、自主学习、合作学习等有着惊人的一致性。

那么，如何在语文教学中，把浅层学习变为深度学习，使语文教学有更大收获呢？

一、"带领学生从文章里走个来回。"（张志公）这是要求师生对课文要熟读、精读，在此基础上，沐浴在课文所提供的意境中，然后师生一起交流各自对课文的所思，所想，所获，而不是教师把现成的知识或结论交给学生，这样的学习体现了"我思故我在"的深度学习的思想理念。

在学习了李密的《陈情表》和朱德的《回忆我的母亲》、魏巍的《我的老师》、朱自清的《背影》课文以后，在感知、体悟文本的基础上，要求师生一起写出类似饱含深情、言辞恳切、催人泪下的文章，在师生一起交流时，很多同学都热泪盈眶，被父子情、母女情、师生情、同学情所感染，所震撼。这是一次师生在文本中"走个来回"的前提下，梳理自己与亲友、师长间亲密无间、尘封已久的感情的"集体大行动"，是对各自心灵深处的一次撞击和叩问：我为何平时面对亲友的关爱熟视无睹，充耳不闻，没有感受和写出李密、朱德文中的感动和真情，为何会变得如此的麻木和冷漠。通过这次与文本的读、写结合练习，使我们师生不仅加深了对文本的学习理解，更抒发和体验了人间真情的珍贵，同时，为写好类似情真意切的文章提供了范例，知道了无病呻吟的"无魂文"是多么令人生厌，多么苍白无力的道理，生活中不是没有令人感动的人和事，而是缺少体验和感动。

在学习鲁迅的《故乡》后，同学们通过上网查找资料，结合自己的理解，挖掘出《故乡》中写了三个"故乡"：一个是回忆中的，一个是现实中的，一个是理想中的。第一个显然是"过去时"的，是一个带有神异色彩的美的故乡。在这里，作者为我们描写了一个色彩斑斓的世界：有"深蓝"的天空，"金黄"的圆月，"碧绿"的西瓜，"紫色"的圆脸，"银白"的项圈，五色贝壳等。同时，又是一个静寂又富有动感的世界，一个浩渺而又富有生机的世界：这里有静谧的夜晚天空的描写，有少年刺的动态描写，有一望无际的大海和辽阔的海边沙地的描写。第二个是"现在时"的，这里主要突出描写了三种不同的人物：豆腐西施杨二嫂，她是一个可笑、可气、可恨、可怜的人物；少年闰土，是一个活泼可爱的孩子；成年的"我"，是一个现代知识分子，但在"故乡"已失去了存在的基础，如同一个游魂，没有了自己精神的"故乡"。第三个是"未来时"的，因为"过去"的故乡虽然美好，却不是"故乡"的现实，而"现实"的故乡又令人难以忍受，所以我就很自然地产生了一种想象中美好的，希望"他们应该有新的生活，为我们所未经生活过的。"在学习契科夫的

《套中人》时，同学们对小说的独特之处做了如下的概括：作者以生动、细腻的笔触描绘了主人公的内心世界的变化，揭示了精神上的奴性比物质上的贪婪更令人害怕，对一个人心灵的戕害更为巨大，一个丧失了人格尊严的人是多么的令人不齿和仇视，该作品告诉人们无论在什么情况下，人都要有尊严地活着，要成为人格精神的主宰而不能变为精神的奴役，要大胆追求平等自由、坚毅和心灵的美好。在学习了曹雪芹的《葫芦僧判断葫芦案》一文后，学生们对门子的见风使舵，巴结权贵，趋炎附势，充当封建统治者的走狗帮凶的角色有了深刻认识。思想得以升华，灵魂得以洗礼，品格得以锤炼。在学习了吴敬梓的《范进中举》后，有一个同学谈了这样的感悟：本文为我们描绘了范进这个被封建科举制度扭曲了人格、心灵的典型形象，令人深思，由此我们不难想象，在封建科举制度的桎梏中，企图入仕的文人、学子是怎样年复一年地煎熬在科举的漫长而泥泞的旋涡里不能自拔的。一旦当他们步入科举之路后，又充当科举的工具来残害更多的文人、学子，与污浊的社会沆瀣一气。

在学习了舒婷的《致橡树》以后，张同学概括说：本诗用鲜明而生动的形象，否定了依附式的爱情模式，张扬了女性的自尊、自爱、自强、自立的人格追求和崇高品质，讴歌了既互相独立又相互关爱、扶持；既珍视自己又尊重对方的伟大而坚贞不渝的爱情，两个情侣，相互敬爱，心心相印，情情相融，它们共生于大地之中，又各自保持着各自的个性和品质，他们同呼吸，共命运，一起抗争着自然界和人类社会中的狂风暴雨，一起分享着生活中的温馨与快乐，这首诗，在不胜枚举的爱情诗的世界里熠熠生辉，光彩夺目。学习了台湾著名诗人余光中的思乡名篇《乡愁》后，汤同学说：《乡愁》的作者通过"邮票""船票""坟墓""海峡"这四个意象，以时间为序，把最能体现每一时段诗人情绪的中心意象体现出来，"小时候"，离乡背井，到处漂泊，为求学常常离开母亲，只能靠贴上"邮票"的家信来传递平安；"长大后"，恋爱成家了，依然不得不与心爱的新娘别离，小小的"船票"代表着运行和隔水相望，暗示相逢的难得；"后来"，母亲离世，矮矮的"坟墓"成了永诀的标志，坟里坟外是两个全然不能沟通的世界；而"现在"，浅浅的"海峡"却把台湾和大陆隔离开来，诗人有乡难回，虽然是淡淡地道来，却是包含着深深的忧愤，诗人把个人的悲欢与民族的渴望统一的愿望完全交织在一起了。该诗表达了全体炎黄子孙的共同愿望和心声，但写法独辟蹊径，堪称典范，作者鸣唱的这首发自肺腑的思乡曲将永远回荡在海峡两岸人民的心中。

二、"一千个读者，就有一千个哈姆雷特"，这是深度学习的又一体现。对于文本的理解，"一千个读者，就有一千个哈姆雷特"。接受美学理论家尧斯说过："一部文学作品的历史生命没有它的接受者的主动参与是不堪设想的，只有通过读者的裁决过程，作品才能进入一种变化着的经验视界的连续性中。在接受过程中，永远发生着从简单接受到批判性的理解，从被动接受到主动接受，从已被承认的审美标准到超越这种审美标准的新的生产的转换。"因此，在解读课文时，我们不应当拘泥于教参或已成定论的说法，而要让学生尽情表达出自己的独特见解和思想，张扬自己的个性，勇于向权威挑战，不人云亦云，只有这样，对待问题才能从狭隘的线性思维变为高级思维，走向深度学习。

瑞吉欧认为：孩子是有一百种组成的，孩子有一百种语言，有一百只手，有一百个念头，有一百种思考方式、游戏方式、说话方式；还有一百种聆听的方式，惊讶和爱慕的方式，一百种快乐，去歌唱去理解；一百个世界去探索发现，一百个世界去发明，一百个世界去梦想。我们不应让学生用唯一的一种方法去认识世界，用一种方式去表达他们的感受、思想和主张，而应当允许和提倡学生用自己的心灵去感悟，用自己的见解去判断，用自己的思想去创新，用自己的心声来表达。每当我们学习一些较为经典的作品时，都会进行"反向思维"的交流活动，鼓励学生在吃透文本的基础上，提出合情合理的新见解。对《孔乙己》中的孔乙己，同学们为他设计了这样的结局：他一改好吃懒做的恶习，利用自己的知识，开了一家书店，免费为邻里服务，还经常辅导周围学生，深受人们爱戴；他利用自己身材高大的优势，为酒店打工，不仅解决了生计问题，还被提升为酒店经理助理……对《项链》中的马蒂尔德，同学们有了新解：她不仅是虚荣心很强的人，同时还具有了诚信、善良美德的女人，因为她倾其所有买了一条项链还给佛来思节夫人，而没有像一些人那样逃之夭夭。《陌上桑》中的太守，人们一般认为他是个十足的色鬼，有的同学独抒见解：爱美之心，人皆有之，如果说太守立马观看是不怀好意，那么，行者、耕者、锄者、少年岂不都是好色之徒了，言之有理，令人折服。对《祝福》中的柳妈，有的同学则认为她对祥林嫂的死负有不可推卸的责任，因为她不同意祥林嫂改嫁，而应该"撞一个死"，等等。对《岳阳楼记》中的"不以物喜，不以己悲"表示不赞同，因为，人都是有血有肉的，怎么会悲、喜一样呢！

对《扁鹊见蔡桓公》一文中的蔡桓公之死谁该负责的问题，王同学的观点颇有见地：当扁鹊第一、二、三次见桓公说清病情后，并未具体分析病因，更未给出令人诚服的理由，而当时桓公并没有什么异样的感觉，他又怎么会轻信扁鹊呢？而扁鹊最后一次见蔡桓公时，却是"旋走"，唯恐避之不及，作为一名视"救死扶伤"为天职的医生，没有尽到自己应尽的职责，他并没有当面向桓公申明病因，只是和仆人敷衍了几句，当蔡桓公病入膏肓后，扁鹊却出逃秦国，在人命关天的紧急时刻，他不应该一走了之，袖手旁观，而应竭尽所能，所以说，桓公之死，并非只是他讳疾忌医的原因，扁鹊也负有不可推卸的责任。该同学言之成理，令人刮目相看，这是他深入课文又跳出课文，走向深度学习的成果。

对《我的叔叔于勒》中的菲利普夫妇对于于勒前后态度的表现，定论是资本主义赤裸裸金钱关系起作用的结果，认为他们冷酷无情，六亲不认，而李同学却见解独特，他认为：于勒不仅把自己应得的遗产挥霍殆尽，还侵吞了菲利普夫妇应有的财产，而菲利普夫妇本来的日子就捉襟见肘，经济拮据，就此看来，于勒的所作所为如何不让菲利普夫妇生出厌恶之心，畏而远之呢？对《琵琶行》中的琵琶女，人们一向同情她，认为是封建社会命运苦、受摧残的妇女代表，龚同学却认为她是幸运的，因为：人生易老，年长色衰，这是自然法则，任何人都逃脱不了这一规则，这怎么能成为她悲叹的理由呢？另外，她哀叹丈夫"重利轻离"，殊不知，一个男人能以事业为要务，积极上进，这该是很多人求之不得的大好事，何坏之有？如果一个男人只一味地沉醉于儿女情长之中，而不去干一番事业，有所作为，这难道是好男人吗？

王同学对鲁迅的《从百草园到三味书屋》中鲁迅先生对三味书屋的生活的描写之细腻、精美、绘声绘色，说明三味书屋已融入他的血液和生命。三味书屋后面的菜园里的寻蝉蜕的乐趣，旁若无人的大声读书的痴迷状，先生读书忘我的摇头晃脑的自得其乐的高兴劲，无不让作者刻骨铭心，成为永恒的记忆。在该文中，作者花费笔墨最多、感情最充沛的是对私塾先生的描写，"他有一条戒尺，但是不常用，也有罚跪的规则，但也不常用"，从这几句的描写中，我们不难看出，这位号称本城最严厉的老师，作者却把他描写得如此的平易近人，相对现在一些动辄责骂学生的教师来说不知要好多少倍，尽管先生身上多少会带有封建教育的痕迹，但作者依然没有采用以往惯用的刻薄的语言大加声讨，由此可见，作者对先生还是怀有敬意之情的。作者在本文中，并没有否定或批判旧时的私塾教育之意的，与此相反的，则是对三味书屋的怀念和向往。

以上同学们对文本的重新解读，是一种基于整篇文章内容而展开的创新性的深度学习，而没有仅仅停留在文本的浅层理解上，渗透了自己的智慧和观点，是对文本内容的有益拓展和挖掘。正如姚斯所说："一部文学作品，并不是一个自身独立，向每一时代的每一读者均提供同样的观点的客体。它不是一尊纪念碑，形而上学地展示其超时代的本质。它更多地像一部管弦乐谱，在其演奏中不断获得读者的反响，使文本从词的物质形态中解放出来，成为一种当代的存在。"正因如此，以上课文的解读正体现了"文章要由学生自己读懂，疑问要由学生自己提出，问题要由学生自己去概括掌握"（特级教师宁鸿彬）和"在人的心灵深处都有一种根深蒂固的需要，这就是希望自己是一个发现者、研究者、探索者"（苏霍姆林斯基）及"科学的教育的任务，是教育学生去探索创新"（马克思）的要求。在这一过程中，师生是在重构新的知识，而不是"消费知识"。这是深度学习的精髓所在。

三、"平等中的首席"。美国人本主义教育家罗杰斯认为："师生关系的本质不是知识传授关系，而是教师人格与学生人格在教育中的相遇。良好师生关系不仅使传授知识更为有利，也促进了学生良好的人格发展。"《国务院关于基础教育与发展的决定》也指出："鼓励合作学习，促进学生之间的相互交流，共同发展，促进师生教学相长。"在语文教学中，应当贯彻这一要求，教师要与学生一起进步，在思想情感交流、思维见解的碰撞中获取收获，而不应当以一个居高临下的权威者的姿态出现在学生面前，而是"平等中的首席"，是共同成长的统一体，只有这样，在教学中才能产生和谐共振，学生才敢于表达自己的想法和主张。

在教学朱自清的《春》时，除了课文中所描写的春天的景色和好处外，师生各自结合自己的生活体验，说一说对春天的看法，我首先说，春天是万物勃发的时节，古人说过"一年之计在于春"，要求我们珍惜大好春光，有所作为，但有一位文人在《春朝一刻值千金》中却说，人们不应该辜负大好春光，要好好睡懒觉，不知同学们对此有何看法，这时，同学们积极性很高，畅所欲言，有的说"春眠不觉晓"，说明春天美美地睡上一觉的确很惬意，有的说，春天细菌繁殖快，易生病，这是不好的方面，我不喜欢春天，等等。通过同学间的交流、讨论，同学们认识到同一题目，同一对象在作文时可以各抒己见，只要能自圆其说，以理服人就好，这对同学们以后写作的选材、立意都有启发作用，而不只是局限于课文内容的学习。

在这样的课堂上，即使有的学生发表的看法有失偏颇乃至错误，教师亦应当给予点拨和鼓励，以便他在今后的学习中有所改善，而不应该否定乃至批评他，应当保护他的学习积极性。意大利著名教育家瑞吉欧·艾米利亚说：教师和学生的课堂交往就像运动场上的接球游戏，一方面，通常我们的教师是抛球者，根本不需要孩子把球抛回来，教师与孩子之间缺乏情感上的沟通，教师始终处在交往的主导地位，而孩子处在被动的地位；另一方面，教师如能准确地接住学生抛偏了甚至抛得很差的球也接住的话，相信学生后来会奋起抛出更好的球来的。多么精辟的见解，多么深刻的主张啊！对此，要铭记在心，使我们的语文教学不断迈上新台阶。

四、"诗中有画（话）。"在学习一些名诗时，可调动同学们的想象力，这就要求学生不仅要理解诗的表面意思，更要把握住诗的深层内涵，有绘画技艺的同学可以画传意，以画达情；文笔好的同学则可改编为可读性强的故事或优美意境的散文。这样，通过不同的形式加深了同学们对诗歌的理解和记忆，化简单的背诵为深度的学习理解，学习效果不言而喻。如对《过故人庄》《山居秋暝》等诗即可采用此法教学。另外，对一些故事性较强的、文言文小说则可采用分角色扮演的方法，促使同学对课文的理解和超越，从而达到理想的教学效果，如《卖炭翁》《石壕吏》《范进中举》《窦娥冤》等。

具体来说，对《过故人庄》《山居秋暝》《白雪歌送武判官归京》中的名句"绿树村边合，青山郭外斜""明月松间照，清泉石上流""忽如一夜春风来，千树万树梨花开""山回路转不见君，雪上空留马行处"等发挥想象，进行创读，赋文字之静为画面的栩栩如生之动态。有几个美术功力扎实的同学，就把这几句意境优美、信息丰厚的诗句，通过自己的创造性、个性化的阅读和深入理解，呈现了一幅幅构思新颖、贴切，富有立体、动感的画面。你瞧：近处，绿树环绕着农家田园屋舍，其间的鸡、鸭在追逐、嬉戏着，勤劳的村民们在田间劳作；远处，蜿蜒的群山向远方延伸，好不壮阔！

熠熠的月光照泻在松林间，好似曼妙的少女在舞蹈，潺潺的清泉在光滑的石头上流过，发出叮咚悦耳的天籁之音；早晨刚刚起床的人们，排闼所见，一片银装素裹的世界，枝头上挂着银白色的雪花似梨花盛开一般，煞是好看；好友在崎岖、漫长的山路上一步一回头，渐渐地消失在送行者的视界里，只能看见清晰的脚印，而送行者却不忍离去，长时间伫立着，凝视着。擅长文字表达的同学则写出了生动、可感、耐人寻味的美文佳章。

总之，深度学习作为一种全新的教学理念，与新课标的精神不谋而合，都是对素质教育的热情呼唤，作为一名新时期的语文教师，理当顺应新的教育教学思想，并付诸在教学工作中，追随新课标的步伐，成为先进教育教学理论的学习者，教育教学行为的反思者和驾驭教育教学艺术的智慧者，为语文教学做出应有的努力和贡献。

实践证明，深度学习不仅是一种全新的教学理念，更是一种促进教与学走向深入的有效策略和方法，是我们在教学中屡试不爽的有力抓手和武器。

（四）注重知识逻辑联系，激发学生情绪体验

1. 强化知识逻辑联系，创造知识感悟场

这是指在课堂上教师要根据知识的不同"类别"，创设适当的

情感氛围，为教学内容营造良好的知识感悟的情境场所。请看笔者基于整体建构理念开设的《生命的舞蹈》这个研讨课的课例：

生命的舞蹈

教学目标

1. 借助课题，概述本文的主要内容与字里行间所洋溢出的思想情感。

2. 感悟作者对"生命的舞蹈"深刻内涵的理解，培养乐观进取的人生态度。

3. 品读和辨析文中富有深刻含义的语句，提高对语言的感受能力。

教学重点

品读和辨析文中富有深刻含义的语句，提高对语言的感受能力。

教学难点

感悟作者对"生命的舞蹈"深刻内涵的理解，培养乐观进取的人生态度。

第一课时

教学过程

一、导入

中国残疾人艺术团中有 21 位聋哑演员，她们表演了一个令世人震惊的舞蹈节目:《千手观音》。有谁知道这个节目是怎样排演的吗？这群听不见、说不出的聋哑人给我们这些健康的人带来了怎样的启示？今天我们要学习的课文《生命的舞蹈》还会给我们带来哪些新的启示呢？

二、再读课文，概括主要事件，提高整体感知的能力

1. 请同学们快速浏览课文，并思考：文中提到的"不同形式的两次生命的舞蹈"各指哪两次舞蹈？请分别用一句话将内容概括出来。

（提示：时间、地点、人物、事情）

明确：以一对残疾夫妻为代表的一群残疾人在夜幕中跳起了火的舞蹈；

三十年前，一个七八岁的小女孩在艰辛的条件下劳动，作者感到她在跳舞。

2. 这两次生命的舞蹈有何异同？

引：两者舞蹈的形式有什么不同？两者面对的困境有什么不同？在作者看来，两者舞蹈的形式虽然不同，但从舞蹈中体现出来的情绪有何共同点？

异：①残疾人是在真正地跳舞，而小女孩则是在艰辛地劳动，并不是在跳舞，是作者认为她的劳动像跳舞。②残疾人的困境是自身肢体有残缺；小女孩的困境是家境贫寒，生活艰辛。（他们面对的困境的具体内容不同。）

同：两者都是欢乐的。（由此体现的生活态度有共同点吗？）都是热爱生活、乐观积极等等。

三、精读课文，品读和辨析文中富有深刻含义的语句，提高对语言的感受能力

3. 这两次不同形式的生命的舞蹈都是作者亲眼所见，那么作者的心理活动发生过哪些变化？

① 关注学生在文中的圈划。主要是划出表现作者心理活动的关键词。

② 面对残疾人的舞蹈，找出文中的"怜悯""大吃一惊"等词语；面对小女孩的劳动，找出文中的"怜悯""沉思""叩问"，确定作者心理活动变化的过程。

4. 从最初的怜悯到之后的"沉思""叩问"，可见作者对这两次生命的舞蹈是有一个由浅到深的认识过程的。那么，文中哪些语句表明了作者对两次生命的舞蹈的思考呢？

四、反馈

1. 说一说你是如何理解作者对两次生命的舞蹈的思考的？

2. 摘抄表明作者对两次生命的舞蹈思考的语句，摘抄本。（选做）

第二课时

教学目标

1. 品读和辨析文中富有深刻含义的语句，提高对语言的感受能力。

2. 感悟作者对"生命的舞蹈"深刻内涵的理解，培养乐观进取的人生态度。

教学重点

品读和辨析文中富有深刻含义的语句,提高对语言的感受能力。

感悟作者对"生命的舞蹈"深刻内涵的理解,培养乐观进取的人生态度。

教学过程

一、品读和辨析文中富有深刻含义的语句,提高对语言的感受能力

1. 请学生齐读第4、6、7段。个别读其中圈划的作者对两次生命的舞蹈的思考的语句。

2. 你是如何理解作者对两次生命的舞蹈的思考的?

句1:"火在舞蹈,那扭动、变形的舞姿是火的生命的张力的表达。燃体在火的舞蹈中发出毕毕剥剥的吟唱,燃体不尽,火的舞蹈不停。"

(形象生动地写出了残疾的人们极力展现自己生命力量的精神面貌。)

那么,作者为什么在此之前说"我感到世上所有的词汇都变得苍白……只有用火的舞蹈作比,才恰如其分"?

(因为这些词语的含义、程度都不如火的比喻能更准确地表现出残疾的人们追求生命的精彩的真正原因。)

句2:"生命从一降生,就穿上了一双红舞鞋。这是生命的本

质，是在任何艰难困苦的情况下都会唱歌，都会欢乐的原因。"

（用"红舞鞋"比喻一种生命的自然规律：人有追求欢乐的天性。生活中的每个人，从降生的那一天起，就遵循着生命的自然规律去追求欢乐，生活中的任何艰难困苦都不能改变我们去追求这种欢乐。这就是生命的本质。）

句3："没有畏惧，从不悲观，生命就这样一路舞着唱着前行，这一切都是因为生命的本质就是舞蹈。"

（当我们遵从生命的自然规律，尽全力去追求生命带给我们的欢乐时，我们就不会畏惧，也从不悲观，生命的本质支持着我们。）

二、感悟作者对"生命的舞蹈"深刻内涵的理解，培养乐观进取的人生态度

再读第六、七段，你觉得课文为什么取名为"生命的舞蹈"？

（首先，本文主要内容就是写了残疾人尽情舞蹈和小女孩在艰辛困苦的条件下欢乐的劳动，这两种不同形式的生命的舞蹈。其次，作者以生命的舞蹈比喻生命的本质：任何艰难困苦都无法阻挡人类追求欢乐的天性。最后，作者以"生命的舞蹈"为题是为了告诉我们，面对任何艰难困苦，我们都不能放弃追求欢乐的权利，那是我们生命存在的意义。）

三、结束语

如果人生是一幅图画，那么你就是一位画者，即使再灰暗的色彩，也会有层次的暗涌；

如果人生是一个舞台，那么你就是一位舞者，即使再笨拙的

舞姿,也会有观众的喝彩;

生命若是冬日的溪流,凝固何妨,冰层下依旧潺潺奔流;

生命若是秋日的花朵,残缺何妨,秋风中依旧摇曳生姿;

生命若是没词的歌曲,平凡何妨,吟唱着依旧跳跃隽永。

生命是自己的,你是自己生命之帆的舵手,怎么航行? 向何处航行? 你得自己去掌控!

积极乐观的面对生活中的困境,这是一种生活态度,也是一种精神,只要你拥有这种精神,你也可以成为自己生命的舞者。(生齐读)

四、作业布置

1. 熟读背诵第4、6、7三段。

2. 推荐阅读:赵丽宏的《生命》;季羡林的《人生的意义和价值》(选自《中外书摘》2010年4月经典版)。

3. 结合本文与推荐阅读书目,以"感悟生命"为题,写篇600字左右的文章。

本文的教学,就体现出整体理解文本,"强化知识逻辑联系,创造知识感悟场"的理念,感悟出作者对"生命的舞蹈"真正深刻内涵的理解:身体残缺的舞者,用生命的激情跳起了"火一般忘情、热烈"的舞蹈;生活贫困的舞者,把艰辛的劳动舞成了生命的欢歌。身体残缺的舞者和生活贫困的舞者,让他们各自的生命张扬着自信和自强,迸射出激情与光芒,顽强地表露出对生活的热爱与渴望,对生命的自尊和进取。从中我们不难认识到,不管遭遇怎样的不顺、坎坷、磨难与逆境,生命总是幸福和快乐的,我们每个人都应该舞出属于自己的、独一无二的高贵、美丽和精彩!

下面的这个笔者执教的研讨课《小巷深处》的课例,同样体现出整体建构的理念,让我们潸然泪下、刻骨铭心、感情激荡:

母爱的伟大与无私!
——《小巷深处》课堂教学改进案例

一、案例概述

《小巷深处》抒发了母爱的伟大与无私。

对本文的主要人物"我"与"母亲"的性格特征,学生基本能够把握的。但对养母始终不责怪女儿的问题,有些学生就不能够正确理解。

所以,在教学中,就更加关注这一问题,通过有关问题的有效设计与引导、点拨,学生对此有了准确的理解和感悟,对"瞎眼养母"的伟大和无私的母爱,有了正确的认识。

教学本文,达成了预期的教学目标,对学生起到了应有的教育作用。

二、教学情境具体描述

教师:文中的母亲爱女儿,有哪些令我们感动的细节?

学生1:倾囊安家:第三段,"拆""搬""所有的积蓄""真正拥有一个家"。

学生2：改变性格：第四段，"骂""从未泼过"。

学生3：苦心经营：第六段，"雕像""古铜""最毒""血汗"。

学生4：以我为傲：第八段，"珍藏""广告宣传"。

学生5：默默守候：第二十六、二十七段，"倚""央""摸""交"。

教师：以上几位同学分析得很好，本文通过一位最平凡的母亲的一串琐碎的生活细节刻画，抒发了对伟大、无私的母爱的赞颂之情。是"细小处落笔，诗意盎然"的散文笔法。

教师："我"对母亲的感情变化有哪几个阶段？

学生1：满足、自豪：第五段，"代替""搀"。

学生2：第九段，"倚""吃"。

学生3：厌恶、自卑：第十段，"我"是弃婴，母亲是瞎子"不同一般"，"不再""泡"。

学生4：淡忘、隔绝：第十五段。

学生5：感动、悔悟：第二十九段，"虚荣""无知"。

教师："我"对母亲的情感变化，是文章的情脉。课文以人物情感变化为线索，把生活琐事联系起来构思作品的写法，是散文写作中的常见写法。

教师：文章中"小巷""又光又亮的竹棒"的形象如何理解？

学生1："小巷"形象贯穿全文，是母亲花尽所有积蓄，苦心经营的母女俩相依为命的家，小巷深处有母亲，有爱，是"我"的感情寄托。

学生 2："又光又亮的竹棒"是瞎眼母亲的行动依靠，也是她的生活支柱，精神支柱，情感支柱，是母女感情起伏变化的见证，是"我"成长的见证。

教师：你对文中的女儿怎么看？如果是你，你会怎么做？

学生 1：知错能改，值得学习。

学生 2：我会好好地对待母亲。

学生 3：不管母亲外貌如何，也不论家里条件是好是坏，都不应该嫌弃。

教师：是的，应该这样。家，是温馨的港湾；家，是避风港；家，是呵护每个人的地方；家，是每个人快乐成长的乐园。父母对子女的爱，都是无私的，不求回报的，让我们一起感恩父母，理解父母，为父母做些力所能及的事情。

其实，类似的课例还有很多，请看笔者执教的《安塞腰鼓》，也充分贯彻了整体建构这样的教学思想和意识。

安塞腰鼓

教材分析

《安塞腰鼓》是一篇用雄浑激越的鼓点敲出的优美豪放的诗章，是一曲旺盛的生命和磅礴力量的热情颂歌。作者通过一群朴实得像红高粱一样的茂腾腾陕北后生在黄土高原上展现的壮阔、雄浑、激越、豪放的腰鼓场面的描写，展现了中华民族古老淳朴的民间文艺风情，显示了生命的活跃和强盛，抒发了中华民族挣脱了束缚与羁绊、闭塞与保守后的欢乐和痛快、思索和追求。

文章语言如诗如画，极富音乐美。在内容和形式上取得了完美的统一。课文多用短句来表现内容，显得铿锵激昂，同时还大量运用排比，有句内部、句与句、段与段间的排比，交错出现，一个接一个，使内容表达得更热烈、更激荡，充分表现了生命和力量喷薄而出的神韵。

教学目标

1. 有感情地朗读课文，感受文章的激情和气势。感受铿锵有力、富有节奏感的语言，并了解排比、反复及短句的表达效果。

2. 品味文章意蕴内涵，发表自己的见解。

3. 理解文章对高原生命的热烈赞美，感受其中生命律动和力量及丰富的文化内涵，培养学生健康的审美情趣。

4. 看表演、听录音、读课文，在教师指导下自主合作学习。

教学重、难点

本文既用写实的笔触描绘了气势磅礴的腰鼓表演，塑造了可触可感的艺术形象，又用更多的笔墨写意。如何引导学生借助文字描绘再现形象领略意境是教学难点；引导学生品读描绘形象、揭示内涵的排比句，从不同角度、层面感受腰鼓所宣泄的生命力量，并发表自己的见解，是教学重点。

教学设想

安塞腰鼓是产生于北方黄土高原上的一种民间艺术，充满原始的意味和浓郁的乡土气息。学生对其缺乏形象的直接的感受。因此，采用多媒体教学，效果会好些。教这样的文章，尤其要注意调动学生的情绪，调动学生的想象力。一旦进入角色，教起来就轻松多了。

教学设计

朗读（设计说明：通过读能感受到语言的节奏、气势与激情，感受腰鼓表演中的生命律动。）

揣摩（设计说明：对描绘形象、揭示内涵的关键语句，应当仔细揣摩品味。）迁移练习（设计说明：模仿课文大量使用排比增强文章气势的写作方法。）

课前准备

教师：

1. 欣赏腰鼓的表演片段

2. 课文朗读录音

学生：

1. 掌握生字词

2. 搜集安塞腰鼓的有关知识及作者的情况

教学过程

（一）导入，礼赞黄土高原

（投影：黄土高原画面。附"这里是空旷辽远的黄土高原 /
四野八荒的尘埃 / 用五千年的岁月铸造了它 / 秦皇汉武的战车 /
商旅西出的驼峰 / 成吉思汗的铁骑 / 和五千年的岁月一道踏实

了它……"），是啊，有人说，这裸着青筋，露着傲骨的黄土高原是一条好汉，而激荡了它血液的安塞腰鼓正是它个性的喷发。今天，让我们一起来感受这黄土高原之魂——安塞腰鼓！

（二）生命之节奏——感受安塞腰鼓

组织学生收看安塞腰鼓视频片段，结合课文内容用以下句式说话：

提示："好一个的安塞腰鼓！你看（听）……"

1. 教师边放视频片段边结合课文内容进行点拨，突出以下几点：A.火烈的舞蹈场面。B.鼓声的巨大力量。C.茂腾腾的击鼓后生。D.变幻的舞姿。

2. 学生自由发言，各抒己见。教师给予适当的评价。

（三）生命之华美——欣赏课文美点

［一读品语言］

师：当你置身于黄土高原，置身于雄壮的鼓乐队，亲耳聆听这种澎湃的震撼，你的感觉如何呢？想不想把你感受最深的段落读给大家？

① 寻找自己认为写得精彩的地方或感受最深的语段，请用"我喜欢某某句子，因为"的句式进行评点。

教师提示：可以从用词、句式、修辞等角度入手。

教师举例：我喜欢"这腰鼓，使冰冷的空气立即变得燥热了，使恬静的阳光立即变得飞溅了，使困倦的世界立即变得亢奋了"，因为反义词用得好，在强烈的对比中，更能突出安塞腰鼓的特点。

② 学生间互相交流。

③ 教师作适当的点拨,引导学生探究美源。

小结:作者是如何让文字与表演浑然一体,读起来如此激越豪放的? 铿锵的短句:营造了激越的气氛。

排比、反复的运用:语言气势充沛,节奏鲜明,感情强烈。

虚实结合:引发读者无尽的遐想。

以动衬静:突出表现了生命和力量喷薄而出的神韵。

[二读品气势]

1. 范读:针对课文的 5—13 自然段,组织学生听课文朗读录音,把握朗读技巧。

2. 仿读:学生以小组为单位进行朗读训练,或自读,力求读出韵律,读出气势。

3. 演读:安排两组,一人模仿秀,一组合作朗读。其他同学进行评价。

4. 齐读课文的 7 段或 9—13 段

[三读品内涵]

"好一个安塞腰鼓!"作者要赞美的绝不仅仅是安塞腰鼓的壮美! 文中有很多句子揭示了安塞腰鼓的深广内涵,把你能理解的结合课文中具体的段落或语句来谈一谈,不理解的提出来大家共同解决。

在教师示范的基础上,让学生进行独立思考,思考后在组内讨论交流,然后在班内自由发言。在讨论发言中,应允许并鼓励学生质疑,也要鼓励其他学生就此展开讨论,进行答疑。因为这种质疑解疑的过程,实际上也正是对文章内涵逐步了解、不断深入的过程。

(一)教师示范,"好一个黄土高原!"或"好一个黄土文化"(课文19—22自然段)

(二)学生合作探究,谈自己的理解或提出自己的疑问,师生达成共识。

多媒体展示:

好一个蓬勃的生命力量!

好一个生命的舞蹈!

好一个充满希望的原野!

好一个冲破束缚、阻碍强烈渴望!

好一个阳刚之美!

好一个返璞归真的自然生活状态!

好一个粗犷厚重的黄土文化!

好一个……

(三)生命之畅想

听一段二胡名曲《赛马》,任选一题完成仿写。

1. 每一个音符都……每一个音符都……每一个音符都……每一个音符都……

2. 发挥你的想象,把听完乐曲后在你头脑中浮现的画面

描述出来。(可以模仿第七自然段)

(四)生命之思索

师:黄土高原上那种原生态的,摒弃了世俗杂质的生命力量,正是我们民族性格的写真。同学们,你们的人生之路还很长,你打算怎样走过你的人生旅途呢?请把你的打算凝练成一句人生格言,写下来好吗?

学生拟写格言,集体交流。

(五)生命之旗帜

祝愿你们的生命中能贮满安塞腰鼓擂响的激情和力量,保留黄土高原人所具有的生命的元气,高举自己生命的旗帜,一路风采昂扬!

引入学生日常经验,创造情感感悟场

实际上,这样的课堂教学的实例并不鲜见,关键是教师要智慧地选择,适时地加以应用。课题组石老师执教的《爬山虎的脚》就是典型的范例。对于爬山虎,学生并不陌生,日常生活中常见,并且对爬山虎的作用有一定的了解,因而学习起来,自然会渗透正向的思想情感。

爬山虎的脚

一、教学目标

1. 独立认识本课生字"占、均、匀、漾、柄、蜗、蛟";积累词语"舒服 均匀 空隙 叶柄 蜗牛 蛟龙 痕迹"。

2. 能正确、流利、有感情地朗读课文。了解爬山虎的脚的样子、作用，并能用自述的方法来介绍。积累描写爬山虎叶子的句子。

3. 学习作者的观察和表达方法，培养学生留心观察周围事物的习惯和能力。

二、教学重难点

1. 积累描写爬山虎叶子的句子。

2. 默读了解爬山虎的脚的样子、作用，并能用自述的方法来介绍。

三、教学过程

（一）谈话引入，揭示课题

1. 这是什么啊？（出示图片）（板书：爬山虎）

2. 这是一种有趣的植物。不是动物却有着"虎"字，是植物却又会"爬"，那就是爬山虎。爬山虎最有趣的要属它的脚。（板书：脚）来，一起来读读今天我们要学的课文题目。

（二）预习检查，深入研读

1. 课文你们已经预习了，分小节朗读课文。

2. 打开课本，谁能来说一说，哪几节写了爬山虎的脚？

3. 交流纲要信号图。

（三）学习第三小节

1. 自己读读第三小节，用直线划出描写爬山虎的脚的句子。

2. 谁来读读划出的句子？其他同学思考：这几句话写出了爬山虎的脚哪些方面的特点？并完成填空。

仔细阅读后我知道了，爬山虎脚的——

位置：_____；

外形：_____；

颜色：_____。

3. 交流。

4. 拿出笔来，动手画画爬山虎的脚。

5. 归纳：爬山虎的脚样子十分奇特。（板书：样子奇）

6. 谁再来读读？（作者之所以能准确描述爬山虎的脚是因为他是特别"注意"了）

7. 齐读。

（四）学习第四小节

1. 这些奇特的脚是怎么来攀爬的呢？现在让我们小组合作，一起来学习课文的第四小节，我们先来看看学习的要求。（出示学习要求）

学习要求：

（1）读读课文第四节，完成填空，想象爬山虎是怎样攀爬的。

爬山虎的脚（　　）着墙的时候，六七根细丝的头上就变成小圆片，（　　）住墙的细丝原先是直的，现在弯曲了，把爬山虎的嫩茎（　　）一把，使它紧（　　）在墙上。

（2）讨论：爬山虎的攀爬方式有什么特点？找到相关句子读一读。

2. 交流

◇谁能在括号里填入正确的动词？多有意思的动词啊！谁来把这个过程再来读读？

◇自读体会作者用词的准确。（你们可以试着配上动作）

◇它就是这样"一脚一脚地爬"。（用动作演示一下）

◇瞧！这些脚多像"蛟龙的爪子"，作者的语言真是非常的生动啊！一起读读。

3. 那么，爬山虎的攀爬风格有什么特点呢？（板书：攀爬稳）

4. 用爬山虎的口气向小伙伴介绍脚是如何来攀爬的。

（五）学习第五小节

1. 看来同学们合作学习得真不错！现在自己快速默读第五小节，说说读懂了什么？

板书（巴墙牢）

2. 找找哪句话写出了它巴墙特别牢固？谁能把这句话读读好，能体现出巴墙的牢固？

3. 可别小看这些脚啊，就是它让爬山虎一步一步地向上攀登，越攀越高。

（六）学习第二小节

1. 作者不仅观察了爬山虎的脚，还观察了它的叶，于是，

作者就写下了这段文字。(出示课文第二小节)

2. 轻声读读这段文字,找找从哪些描写中,你感受到了爬山虎叶子的美?

交流划出的句子,并说说理由。(重点指导:绿得那么新鲜、铺得那么均匀、漾)

3. 指导朗读

◇老师很喜欢这段话,能让我也来读读吗?(师范读)

◇自读、个别读

◇闭上眼睛,在朗读声中尽情想象这一墙美丽的绿叶。

◇不少同学陶醉在这精彩的美文和优美的朗诵中了。让我们一起来读读。

(七)总结全文

1. 用一两句话来赞赞爬山虎。

2. 爬山虎用它一只只有力的脚不停地往高处攀登,虽然没有坚强的枝干,看似柔弱的身体里,显露着坚强的毅力和无限的生机,让人望之油然而生敬意。我们要感谢本文的作者——著名的作家叶圣陶爷爷,正因为有了他的细致入微的观察,生动准确的描写我们才能领略到爬山虎的独特魅力。爬山虎之所以有虎劲,正是因为它有坚韧不拔的毅力。

(八)拓展练习,回归系统

《家乡的莲藕》

根据问题,画纲要信号图:莲藕是什么样子的? 它又有哪些作用呢？

（九）布置作业

1. 整理本课的读书笔记。

2. 课外拓展。（二选一）

（1）生活中还有没有像爬山虎这样奇特的植物？仔细观察后，以“_____的秘密”为题写一篇观察日记。

（2）结合课文内容，写一篇“爬山虎的自述”。

板书设计

样子：奇

攀爬：稳

巴墙：牢

参考资料

叶圣陶（1894年10月28日—1988年2月16日），原名叶绍钧，字秉臣。江苏省苏州人。现代作家、教育家、出版家和社会活动家。作为著名的教育家，他为我国语文教学发表过很多精辟见解，论著收入《叶圣陶语文教育论集》。1921年，他与沈雁冰、郑振铎等发起组织“文学研究会”，提倡“为人生”的文学观，并与朱自清等人创办了我国新文坛上第一个诗刊《诗》。他发表了许多反映人民痛苦生活和悲惨命运的作品，出版了我国童话集《稻草人》以及小说集《隔膜》《火灾》等。1928年创作了优秀长篇小说《倪焕之》。

下面再以课题组安老师的《卖油翁》这篇文言文教学为例，来说明如何凸显整体建构思想和"引入学生日常经验，创造情感感悟场"。

卖油翁

第一课时

学习目标：

1. 理解并掌握"善、尝、矜、睨、释、颔、徐、遣、但"等重要的文言实词的意义与用法。

2. 根据文章内容，分析文中两个人物的性格特点。

3. 结合自身生活经验与实际，领会"熟能生巧"的道理。

学习重点： 把握人物形象，体会"熟能生巧"的道理。

学习难点： 训练学生的拓展思维，让学生从中受到教育和启发。

学习过程：

学习环节	教师活动预设	学生活动预设	设计意图
导入新课 激发兴趣	1.《纪昌学射》的故事我们都很熟悉，他靠什么能够技艺超群？ 2. 勤学苦练才能"熟能生巧"。这节课我们一起走入北宋著名文学家欧阳修的《卖油翁》，去感受这位老人的技艺。 3. 文言文故事学习要点：读、记、思、谈。	广开思路。 学生看投影理清思路。	从故事入手，激发学生对文本的阅读兴趣，唤醒学生已有的情感积累，为后面的学习作铺垫。

续表

学习环节	教师活动预设	学生活动预设	设计意图
初读课文疏通文言字词，了解内容	1. 记一：欧阳修其人。 唐宋八大家。 2. 读一：指导学生读字。 读二：指导学生读文章。 概况故事。 读三：词语理解。 读四：读懂内容。	1. 学生先说，教师补充。 2. 学生自读课文，读准字音及停顿。 尧咨善射、自矜、笑而遣之。 卖油翁微颔、酌油。 掌握文言词义：善、自矜、睨、颔、忿、遣…… 3. 结合注解初步了解整个故事内容，疏通文义。	每学一篇文言文都要强调文言词的积累，同时多让学生自主学习，增强文言文的阅读能力。
分角色朗读课文，理解人物形象	作者是如何表现两个人的性格的？ 1. 师指导朗读：注意要读出"汝亦知射乎，吾射不亦精乎？""尔安敢轻吾射？"的声色俱厉，读出"无他，但手熟尔""我亦无他，惟手熟尔"的沉着冷静。	1. 学生分角色朗读，其他学生进行点评，引出关键词，进而分析人物形象。	不管是现代文还是文言文，抓住文本是不变的规律。"阅读就是要让文字一个个站起来与你对话"（于漪语），学生的朗读到位了，他们对文字的感知就不会差。

学习环节	教师活动预设	学生活动预设	设计意图
分角色朗读课文,理解人物形象	2. 你是抓住哪些关键词来读的? 由此你看出两人的什么性格特点?	2. 交流: 两个人的特点——其一, 位高身贵的陈尧咨; 其二, 无名无姓的卖油翁。陈尧咨骄傲不可一世, 卖油翁虽然技高一筹, 但并不为此而矜持, 体现出智者超然物外之态。	
深化感悟, 多角度理解故事内涵	1. 提出问题: 这个故事可能蕴含哪些道理? (这个故事给我们什么启示?) 写作小贴士: 如何把人物写活? 写出特点? 发掘人物特长特点, 除描写人物外貌特征外, 还可通过人物的语言描写、动作描写、神态描写, 以及心理描写来达到刻画人物的目的, 使人物丰满、鲜活起来。 故事中的两个人物都身怀绝技, 你认为他们的成功经验是什么?	学生从多个角度思考: 熟能生巧; 精益求精; 戒骄傲, 勿卖弄; 智者超然物外; 艺无止境, 学无止境; 山外有山, 天外有天……	"学古代文, 做现代人", 理性思辨可以让语文更有光彩。

续表

学习环节	教师活动预设	学生活动预设	设计意图
深化感悟，多角度理解故事内涵	2. 你在学习、生活中有类似的体验吗？读了这个故事，你将如何看待自己和别人的长处？ 3. 读了这个故事，除了上述两点体会外，你还有哪些感悟？请你谈一谈。 教师可以补充讲述《梅兰芳学艺》，学生说说听后有何感悟。(梅兰芳小时候去拜师学艺。师傅说他的眼睛没有神，不是唱戏的料子。梅兰芳学艺的决心没有动摇。他常常紧盯空中飞翔的鸽子，或者注视水底游动的鱼儿。日子一长，他的双眼渐渐灵活起来。人们都说梅兰芳的眼睛会说话了。经过勤学苦练，梅兰芳终于成为世界闻名的京剧大师。)		
作业布置，拓展感悟	1. 联系课文和生活，写一篇学后感，要求围绕中心，大胆发表自己的看法，做到言必有据。 2. 卖油翁走了之后，陈康肃公会怎样，写一段你所想象的内容。	选择一项作业完成。	作业的多元化设计，意在激发学生的学习兴趣，开发学生多方面的学习潜能。

第二课时

学习目标：

1. 复习并掌握"善、尝、矜、睨、释、颔、徐、遣、但"等重要的文言实词的意义与用法。

2. 结合自身实际，谈学习感受。

3. 拓展阅读，拓展文章的主题。

学习重点：落实重点词句的理解，课内外延伸。

学习难点：总结文言文学习的有效方法。

学习环节	教师活动预设	学生活动预设	设计意图
复习导入 激发兴趣	"书山有路勤为径，学海无涯苦作舟"。昨天，我们一起和欧阳修感悟了：熟能生巧的故事，今天，我们再次巩固一下重点知识。		唤醒学生已有的情感积累，为后面的学习作铺垫。
复习巩固 加深理解	一、重要字词。 二、翻译句子。 三、根据理解填空。 四、本单元学习的体会交流。 总结文言文学习的重点。	勤能补拙。 熟能生巧中的关键。	充分调动学生学习的积极性，采取小组竞赛制，激励学生学习积极性。
课外延伸 拓展知识	课外延伸：卖蒜老叟。	学生自读并完成相关练习。	培养学生自读能力，学会知识的迁移活用。
作业布置	1. 整理知识点。 2. 背诵课文。 3. 写一个你所看到或经历的"熟能生巧"的故事。		

教学反思：运用整体建构思想教学，同时将本文的教学寓于日常生活，即与生活实际相结合，学生就能够由感性认知走向理性思考，并从中明白深刻的道理。此外，将本文所学知识与方法迁移到课外的《卖蒜老叟》学习，能够起到温故知新、举一反三、灵活迁移的作用。

板书：

康肃公   卖油翁

第一段　　开端："善射""以此自矜"　　　　　　"睨之""但微颔之"
　　　　　　自我炫耀　趾高气扬

第二段
　发展："汝亦知射乎？吾射不亦精乎？"
　高潮："忿然""尔安敢轻吾射？"
　结局："笑而遣之"
　　　　　自负 → **赞许** → **解嘲**

"无他，但手熟尔"
身怀绝技
酌油（技高一筹）
我亦无他，惟手熟尔
稳重谦虚

以上是以阅读教学为例，阐述和例证了借助整体建构理论，"引入学生日常经验，创造情感感悟场"的具体实践与策略，现再以笔者《乘项目化学习之舟，行素养型写作之实》写作教学为例，来进一步说明如何操作和运用，以便更具代表性和说服力。

乘项目化学习之舟，行素养型写作之实

摘　要　将项目化学习运用到素养型写作中，是行之有效的写作教学的模式和载体。以校庆二十周年为契机，推介学校

典型景点给不同类别的来宾这一教学实践为例，从十个
方面呈现了项目化写作的基本路径，以此展现了项目化
写作所具有的真实性、情境性、驱动性和综合性等特点，
并借此来说明项目化写作对培养和增强学生写作能力所
具有的原动力和内驱力。

关键词 项目化写作　真实情境　驱动型任务　核心知识与建
构　策略与评价

　　项目化学习（Project-based Learning, 简称 PBL）是当前全
球教育中的一个热点话题。它是基于建构主义学习理论、杜威的
实用主义教学理论、布鲁纳认知—发现学习理论等多种理论基础
上而生成的教学模式与学习模式，已普遍开设于西方发达国家和
许多发展中国家。包括我们国家的广东、上海、浙江、北京等地，
都做出了积极的实践和探索，形成了可喜的阶段性成果。

　　尤其是上海，在 2023 年 9 月初，上海市教育委员会印发了
《关于实施项目化学习推动义务教育育人方式改革的指导意见》
（以下简称《意见》），该《意见》指出，在实施《上海市义务教
育项目化学习三年行动计划（2020—2022 年）》的基础上，进一
步实施项目化学习、推动义务教育育人方式改革、全面提高义务
教育质量，落实课程教学改革深化行动，以义务教育课程方案和
课程标准为依据，以培养学生创造性解决问题的能力为导向，以
项目化学习为载体，深化义务教育学校教与学方式变革，提升教

师专业素养，进一步提高义务教育质量。全面启动实施项目化学习，力争 2024 年覆盖义务教育阶段所有学校，2026 年，义务教育学校常态化实施项目化学习，教师教学理念、教学行为和学生学习方式发生积极变化，基本形成教与学的新样态。

有幸的是，笔者早在 2020 年以来，就在了解和学习项目化学习的有关论著、专家报告、文章和案例，如上海市教育科学研究院夏雪梅博士的《项目化学习设计：学习素养视角下的国际与本土实践》等，通过学习，对项目化学习写作的基本要求和特征等有了比较清晰的理解和认识，"真实的驱动型问题；在情境中对问题展开探究；用项目化小组的方式进行学习；运用各种工具和资源促进问题解决；最终产生可以公开发表的成果。"①并进行项目化学习的教学实践，现就近三年基于项目化学习的素养型写作的探索情况加以呈现，以就教于大方之家。

一、任务驱动

2024 年 11 月我们学校将迎来建校二十周年，届时，将邀请学校优秀毕业生代表和已退休多年的教师、社区居民代表和领导专家等一起见证这一喜庆、欢快的时刻。八（8）班的同学作为在校学生志愿者，通过对学校标志性场所和景观的实地参观、了解，先期通过班级或学校公众号、微推，校庆时利用 PPT、电子屏、展板等向来宾进行介绍，让来宾通过学生的介绍，能够比较全面、深入

---

① 夏雪梅.项目化学习设计：学习素养视角下的国际与本土实践［M］.北京：教育科学出版社，2021：6.

地知晓学校景观、环境、文化等，从中感受到学后的可喜变化。

二、问题探究

班级 42 名同学，自由组合，分成七个小组，利用午休、放学后和双休日（同学大多住在学校所在的社区里）等时间，带着任务和问题，进行实地探访、记录、拍照和录音、录像等，在问题驱动下，达成任务。

各组同学各显神通，各显其能，对完成本次活动和任务充满信心，兴味盎然，乐此不疲。各组都做足了功课，制定了详细的计划与分工。请看第二小组设计的问题探究单：

表1　问题探究单

序号	典型场景	场景特点	拟受众者（职业、年龄、兴趣爱好、特长等）	音视频负责人	文字撰写人	拍照人	召集人	活动时间	成果合成与汇报

各小组成员在召集人的组织下，分工合作，各司其职，在探究的过程中，集思广益，群策群力，目的就是最终能够呈现出大家都满意的成果作品。

三、研讨交流

即在真实情境、场景探访、考察后，对表格中完成的文字、照片、音频、视频等进行去粗取精，整理归结，尽可能地做到紧扣主题和对象。组内成员在达成意见一致的前提下，形成最终共识，突出场景的特色，能够给人眼前一亮之感和急于一睹为快的期待。

四、成果制作

这一环节非常重要。因为，有了独特的内容，还要有匹配的形式加以呈现。各组同学利用掌握的信息技术，对占有的材料进行精心的编排和组合，力求形式与内容有机统一，相得益彰，让本组项目化学习的目标达成度更高、更好。

五、成果发布

利用一节写作课的时间，请各组选出一名代表主讲写就的成果，组里其他同学适当补充。这样，各组同学都能够参与到整个活动中去，没有旁观者，都是主角，同时，各组之间又能取长补短，相互学习、进步与提高。下面，请看其中一个小组的成果汇报，《航空蓝》文案的片段，通过 PPT 展示出来：

在学校体育"一体两翼"的发展框架下，为普及航空知识，推广模拟飞行活动，助力国家航空后备人才培养，2021 年 9 月，学校和上海索飞航空模拟飞行训练中心合作开设"航空课程进校园"课程。我和同学经过两年的航空课程学习，不仅了解了中国航空发展史，学习了模拟飞行的理论知识，在模拟飞行培训教室中进行实机操作训练，并在上海市青少年模拟飞行锦标赛和全国青少年模拟飞行锦标赛中有所斩获。

作为"中国航协青少年航校"，学校精心打造"多媒体航空微型博物馆"+"航空实操体验营"+"航模创意孵化基地"的沉浸式教育场景，以《中国红·航空蓝，绘就青春强国梦》为主题，通过"课程资源""技术平台""教室环境""实践体验"等方面的建设,构建现实场景式的体验环境,培养我们青少年航空素养,形成有目标感的自主学习,走上自我发现和发展的道路。

怎么样?通过我的介绍,相信你已经迫不及待地想到我们学校模拟飞行培训教室中进行实机操作训练,感受模拟飞行的体验与快乐了吧?

六、各抒己见

教师:针对这位同学的文案,请班级同学对其中的优点与不足之处发表看法。

学生1:对学校开展本项活动和课程的背景、目的、作用和意义交代很清楚。

学生2:沉浸式教育场景和现实场景式的体验环境的介绍一清二楚,言简意赅,让没有到过现场的人有了大致的了解。

学生3:这样的介绍,对来宾都比较适合,因为,这个课程和项目之前没有开设过,给人耳目一新之感,尤其适合学生,这样,学生代表会更有兴趣,更有吸引力。

学生4:我感到美中不足的,或者说是最为主要的方面没有详细介绍——就是参加这门课程学习,特别是通过沉浸式教育场景和现实场景式的体验环境的真实参与后具体的心理、体验、收获与感悟等方面,要尽可能地记述、描绘、刻画得惟妙惟肖,这样,才能给人以身临其境之感。

教师:你说得特别准确、到位。我们在分享和展示成果的时候,要做到主次分明,详略得当。其实,综合以上几位同学的发言，我们不难得出一篇景点文案的撰写，主要包括的几个方面：

首先，景观（景点）的特点要凸显。

第二，层次结构方面要求脉络分明。

第三，主要内容的介绍应去粗取精。

第四，语言符合听者年龄身份特点。

第五，真实体验的分享要具体详尽。

可以参考和运用"汉堡包写作结构法"（即写作时，汉堡上面的一片面包犹如文章的开头，或者说是文章的主题句；中间的番茄、青菜和肉，就是文章的细节；优美的语言如同汉堡包里的酱汁一样，能让文章的细节更加真实生动；最下面的一片面包，就是文章的结尾了）：

第一步，开头：清晰的开头是文章结构的关键。

第二步，细节 1：主题句是文章的核心。

第三步，细节 2：使用连接词和短语等"美味"的"辅料"，把文章上下部分衔接起来。

第四步，细节 3：列举例子、证据等让文章内容更丰富、更详实。

第五步，结尾：把整篇文章的内容串接起来，表达自己的观点和感受。

一言以蔽之，"汉堡包写作结构法"写就的文章，结构形如一个完整的汉堡包，由总起段和总结段、首尾呼应几个部分构成，中间用几个层次作为分隔，这几个层次可以是并列式的，也可以是层渐式的。首尾段简明扼要，中间部分需要详细展开，总体风格符合传统意义上的文章"凤头""猪肚""豹尾"的审美标准。

希望同学们对照以上所说的内容与要求，对一稿中不太符合要求的地方加以修改、完善。

七、改文分享

即对一稿文章进行修改后的交流、分享，请看下面三个片段：

片段1：发令枪响，只见具有学校"跨栏王子"之称的王超同学疾如炸雷，快如电光，展现出无人能及的起跑速度。只见他的双腿在栏架上方迅速地跨越，他的双臂奋力地摆动，手臂上的肌肉也在不停地颤抖，全身充满了力量。他的双眼紧紧地盯着前方的每一个栏架，目光中陡然射出浓浓的"杀气"，像是要把栏架踏个粉碎。他舒展身姿，在空中划出一道道优美的弧线。成百上千的观众此时突然鸦雀无声，紧张地注视着他，共同期待着见证奇迹的那一刻。

——王轩《跨栏王子》

片段2：这里是学校大剧场。由70多名同学组成的"乐之风"民乐团的同学，在指导老师的带领下，正在紧锣密鼓地排练《赛马》，为的是向学校二十周年校庆献礼。

《赛马》是著名音乐家黄海怀创作的一首二胡独奏曲。乐曲以其磅礴的气概、热闹的气息、奔放的旋律深受人们的钟爱，无论是器宇轩昂的赛手，还是奔腾嘶鸣的骏马，都被二胡的旋律表现得栩栩如生，音乐在群马的嘶鸣声中绽开，旋律粗犷奔放。由远到近，悦耳而富有弹性的跳弓，强弱分明的颤音，描绘了蒙古族牧民庆祝赛马盛况的情形。同学们将二胡快弓、跳弓技巧的运用堪称炉火纯青，拨弦、颤音技巧的发挥可谓登峰造极，为观众奉上了一幅欢快热闹的赛马场景和一场赏心悦目的音乐饕餮盛宴，是一种无与伦比的精神享受、思想陶冶和灵魂洗礼。

——李梦《赛马》

片段3：这是上海市校园足球对抗赛的模拟比赛现场。只见中场队员使用他那灵巧的脚法运球，穿过了盯防他的防守队员，展现出了他那精湛的球技，在快速反击当中，他眼神犀利地观察着场上正在跑位的队友，寻找合适的传球时机。突然，他看到一名队友跑出了一个无人盯防的位置。他迅速长传，将球精准地送到了前锋脚下。前锋接到球后，立刻带球向前，精妙利用了自己引以为傲的速度和技巧，突破了对方的后卫。随后他带球直面对方的守门员，随即便准确打出了一脚质量极高的弧线球，只见足球在天空中划出了一个标准的C字，然后便飞进了球门的右上角。顷刻间球场上爆发出雷鸣般的掌声。

——朱子轩《绿茵场上》

教师：以上三个片段，如果推荐给参加校庆二十周年的来宾，分别适合的对象是？或者说，哪些来宾会抱有兴趣？

学生1：我认为，片段1和片段3对喜欢体育运动的来宾会有"号召力"，因为，跨栏运动与足球运动，会激发起他们感同身受的同理心，兴趣爱好一致。

学生 2：我赞同学生 1 的观点，同时我的看法是，片段 2 能够受到音乐爱好者来宾的极大关注和兴趣，可以想见，当来宾置身这样美轮美奂的音乐场景时一定会被那大气磅礴、激情澎湃的动人音乐所吸引、所折服、所陶醉。

教师：以上两位同学说得很有道理，他们能够根据不同的场景，来最大限度、最大可能地匹配来宾，这样，就具有针对性、目标性和适切性。其他几组的同学，同样可以根据刚刚的交流内容和指向性来选择适宜的来宾。这与前面表格所呈现的年龄、职业、身份、特长、喜好等是一致的。今后同学们做类似的写作活动，可以参照下面的表单。

表 2　文案写作内容指向表

来宾类别	需求导向	核心亮点	备注
喜爱体育	能否满足来宾的要求	特点与吸引力	
钟情音乐	能否达成心理期待	与众不同的地方	
创意天地	能否开阔眼界	令人欣喜所在	
航空航天	能否增添见识	体验感受度	
……			

八、知识建构

下面，就请同学们依照这个表格，选择自己熟悉的、曾经打卡过的一处景点，加以介绍，可以参照这样的格式：

为了更好地推介我的景点，吸引更多的人前往景点，我会这

样有针对性地来介绍：_____

_____

_____。

教师：请同学来分享已完成的文案片段。

学生 1：我介绍的是上海迪士尼。上海迪士尼，是中国第一个迪士尼主题公园。这里可谓应有尽有，如"美食广场"，特别是闻名遐迩的甜品——玛莎五星巧克力蛋糕不容错过；吃了美食，接下来就可以到"奇幻乐土"逛一逛，比如新奇无比的"钓金鱼""爬山"等游戏，会是你最佳的选择；之后，不妨信步"创意工坊"，在这里，你会体验到手工、绘画、DIY 等项目的神奇与魅力，彰显你的天赋和创意；如果你对冒险很感兴趣，那就踏上"寻宝探奇"之旅吧，在这里，你一定能够享受到探险与冒险的快感与刺激；假如你是亲子同往的，"童话故事城"就不能不"到此一游"啦！因为，这里有你意想不到的精彩的童话故事里的人物演绎，如耳熟能详的绿巨人和变形金刚等。

怎么样，通过我的介绍，你一定跃跃欲试，摩拳擦掌地要前往了吧？心动不如行动，还等什么呢？

学生 2：……

学生 3：……

教师：听了同学们的介绍，给我以身临其境之感，并有急切地前往，一睹为快的冲动。这说明同学们已经比较好地掌握了项目化学习和写作的技能与本领，这次的写作，显然比之前有了较大的进步, 值得称赞。

综合几位同学的写作, 我们可以归结出景点文案写作进阶的基本技法:

真实性: 是确确实实存在的, 而不是虚构的。

情节性: 具有完整的、生动的情节和故事。

场景性: 即通过推介能够在受众脑海中呈现美好的画面。

强势性: 就是对景点能够产生一种"欲罢不能"的效果。

请同学结合以上"四性"和下面的表3, 对各自的文案进行修改、完善。

表3　文案写作优劣评估表

名　称	要　求	得　分
内容	真实性: 包括实际体验与感受。 情节性: 有头有尾, 详略得当。 场景性: 给人以置身其中之感。 强势性: 优点和优势亮人耳目。	1—10
表达	简明扼要, 通俗易懂。	1—10
框架	清晰明了, 井然有序。	1—10
得分		
说明		

希望同学们都能够以此为准则和标杆, 将文案明显地提升, 优秀的将在公众号、朋友圈等推送, 并优中选优, 向报刊推荐、发表。

九、活动总结

通过上述的项目化写作，不难发现，项目化写作非常"注重语文与生活的结合"[①]，同时，结合以上内容可知：项目化写作具有真实性、情境性、驱动型、过程性、开放性和综合性的特点。项目化写作，就是要"创建真实的驱动型问题和成果"[②]，"真实性是项目化学习的一个重要特征"[③]，因此，"驱动型问题是项目化学习的核心要素"[④]，"问题的产生源于真实情境，是学生学习与生活的真正需要，这是项目化学习的关键"[⑤]。所以，开展项目化学习，必须紧扣"核心要素"和"学习的关键"，惟其如此，才是抓住了项目化学习的"牛鼻子"。就如本次项目化学习，是基于校庆二十周年这一具体的问题和情境展开的，问题具体，情境真实，操作起来就有具体、真实的抓手和载体，而不是玄之又玄的空中楼阁。

同时，教师要给学生搭建好支架，即在写作过程中，对文案进行交流、讨论、修改、提升，最后师生借助文案，一起顺理成章、水到渠成地总结出写作方法和要点，以便迁移到今后的学习中去，以此来构建写作的知识体系，毕竟，"项目化学习最终是

[①] 中华人民共和国教育部.义务教育语文课程标准（2022年版）[S].北京：北京师范大学出版社，2022：45.
在写作中，引入项目化学习，就能够在真实性、情境性和日常经验与感情体验下进行写作，学生的写作充满热情和动力。
[②③④⑤] 夏雪梅.项目化学习设计：学习素养视角下的国际与本土实践[M].北京：教育科学出版社，2021：11，11，9，24.

要学生实现知识的再建构。所谓的知识再建构，就不仅仅是说出定义，或举出例子就可以了，也不仅仅是头脑里有什么、说出什么。知识的再建构最重要的表现是能够在新的情境中迁移、运用、转换，产生新知识，并且要在行动中做出来，运用周围的各种知识和资源来解决实际问题"。①

此外，"项目化学习是用高阶学习带动低阶学习。项目化学习指向高阶思维能力。它用高阶思维包裹低阶学习"②，因为，"项目化学习在一开始就用具有挑战性的问题创造高阶思维的情境，激发学生学习的内动力"③，这样的学习，不仅能够促进学生思维能力的提升，更主要的是能够持续保有学生学习的热情和潜力。

十、教学感悟

自从研究和实践项目化学习以来，深感项目化学习是一种非常高效的教学策略和载体，大有相见恨晚之感，这是师生的共同心声与心愿，因为，我们都是项目化学习，尤其是项目化写作的受益者，项目化写作给师生，特别是给学生带来了巨大热情、自信和快乐，项目化写作对培养和增强学生素养型、综合性写作能力发挥了原动力和内驱力的重大作用。正如 2019 年的 PBL 年度冠军、探险学习教育（EL Education）的首席学术官罗恩·伯杰所说："我是项目式学习的忠实簇拥，并不是因为它很新潮或

---

①②③　夏雪梅.项目化学习设计：学习素养视角下的国际与本土实践［M］.
北京：教育科学出版社，2021：10，11，13.

者因为它是当下的热点，而是因为，项目式学习就是生活应有的样子。我相信，项目式学习的繁盛是大势所趋。因为这是家长们想要的。这种教育形式，是我们希望自己的孩子所能拥有的。"相信罗恩·伯杰的话代表了众多接触、认同、喜爱项目式学习的人共同心声和思想共鸣。

今后，我们将乘着上海市项目化学习全覆盖的浩荡东风和项目化学习之舟，在项目化学习之路上不断探索实践，奋勇前行，让项目化学习和项目化素养写作，在我们的语文教学中根深叶茂，结出累累硕果，一路飘香！

第四章
研究的成效——教与学的欣喜

通过本课题近三年的研究，我们的收获应该说是非常丰厚的，在课堂教学效益方面也取得了一定的突破。

第一节 | 学法的习得与学力的增强

一、本课题研究最大的受益者当然是学生，因为，正如哲人笛卡尔所说，"世界上最为重要的知识，是方法的知识"。本课题研究的目的就是要教给学生有效的学习工具和学习方法，达到事半功倍的目标。实践已经证明，我们达到了预期的目的，这从学生的学习兴趣逐步提高、作业量明显减少、成绩大幅度提升等方面可见一斑。

同时，这一方法、本领，必将使学生终生受用，这也是本课题研究的最大、最有价值、最有意义之所在。

二、提高营造、培育知识感悟场和情感感悟场，激发了学生的学习兴趣和热情，释放学生的学习潜能与动力，从而使学生学得积极、主动、快乐，这正是我们的语文课堂教学的终极目标和理想追求。

第二节 | 教学能力与专业发展齐头并进

一、已经建立了比较完备的、整体的、联系的教学思想体系，这对提高语文学科课堂教学效益具有实实在在的巨大帮助。

二、形成了语文学科有效课堂教学的评价指标体系。

三、构建了相对科学、实用、高效的语文学科课堂教学模式。

四、教学用的时间比以前少，而学生的收益却比以往多，真正走向了减负增效。

五、教师自身的专业发展得到快速成长，不仅发表了多篇相关研究论文，课题组金老师申报中学高级教师的鉴定论文就是课题研究的成果之一，并顺利通过评审，还有许多教师因本课题的研究而成功开设了国家级、市、区级公开课，课堂教学的水平、能力得到比较快的历练、培养与提升。

第三节 | 知名度和影响力不断扩大

一、起到了引领、带动作用。因为本课题的研究扎实、有效地推进，不仅对本校多个学科参与课题研究的教师课堂教学带来了"脱胎换骨"的转变，在市、区、学校都产生了较大的正向影响力、辐射力。学校教师多人次开设了学校和市、区级研讨课、示范课，受到了参与活动人员的一致赞赏，他们共同的感觉是，所开的课新意迭出，为语文教学打开了一扇高效、实用的窗户，与会人员对我们课题研究取得的成效给予高度评价，等。

二、扩大了学校的知名度。不仅如此，在市、区专家教研员邀请下，课题组曾老师参与了市级培训课程的录制，这是对我们课题研究的肯定与鼓励，也是我们课题组前行的不竭动力。

三、助推学校办学效益整体提高。学校声誉和影响力不断提升，这与本课题的研究也是分不开的。因为，"教学质量是办学的生命线"，每年送走的五年级与九年级的学生来说，无论升学率、合格率，都分居区公办学校第一与第二或前茅，其他非毕业班年级学生市、区等统考成绩也一直遥遥领先。尽管我们学生来源"复杂"，基础薄弱，但通过本课题研究，大大提高了课堂教学效益，成绩得到了逐步上升，核心素养有了与时俱进的提高。

四、较好改进语文学科课堂教学效率低下，师生负担过重的局面。这是我们学校学生在足球、陶艺、戏剧等许多方面能够"全面开花"，并且享誉国际、全国知名、市、区刮目的重要因素——课堂教学效益高，就为学生在其他方面的学习、发展提供了时间保证。

第四节 | 满意度与赞誉度双提高

一、可以这样说，如果你去家长中做个教师课堂教学效益与学校办学质量问卷调查，满意度肯定在 95% 以上，因为，这从每

年 12 月最后一天所有课堂教学开放日与家长会议上的反馈表中
都能佐证。尤其是近三年本课题研究以来，更是提高了家长课堂
教学的满意度。

二、不少家长对教师课堂教学大力称赞，写来了表扬信。并
且因为口碑宣传的原因，每年都有很多家长将子女转入我们学校
就读，这也得益于本课题的研究成果——学生学得自觉，学得愉
快，学得有成效。

第五节 | 教与学一直在实践与研究之路上

一、通过本课题的研究，我们得出了这样的结论：虽然语文
学科课堂教学效益的提高比较艰巨，但只要我们学校勇于探索，
一线教师敢于实践，就一定能够有所突破，有所受益，有所成功。

二、面对"双新"的教育背景，时代赋予了我们教师更大、
更多的责任，特别是语文学科课堂教学效益的提高这一方面，是
教育教学改革的重中之重，还需要我们不断地加以摸索、实践、
总结，需要我们做的工作还有许多，任重而道远。

三、就本课题的研究而言，尽管现在已经结题，但对后续研
究来说，又是一个新的起点，我们将在前期研究的基础上，继续完
善、推进我们的研究，因为语文学科课堂教学效益的提高是一个
永远也不可能终结的课题，我们时刻都行走在研究课堂和语文教
与学之路上。

图书在版编目（CIP）数据

整体建构视野下语文学科的教与学 / 程立海著 . --
上海：上海三联书店，2024.2
ISBN 978-7-5426-8382-3

Ⅰ.① 整… Ⅱ.① 程… Ⅲ.① 中学语文课 – 课堂教学
– 教学研究 Ⅳ.① G633.302

中国国家版本馆 CIP 数据核字（2024）第 015213 号

整体建构视野下语文学科的教与学

著　　者 / 程立海

责任编辑 / 方　舟
装帧设计 / 一本好书
监　　制 / 姚　军
责任校对 / 王凌霄
校　　对 / 莲　子

出版发行 / 上海三联书店
　　　　　（200041）中国上海市静安区威海路 755 号 30 楼
邮　　箱 / sdxsanlian@sina.com
联系电话 / 编辑部 :021-22895517
　　　　　发行部 :021-22895559
印　　刷 / 上海惠敦印务科技有限公司

版　　次 / 2024 年 2 月第 1 版
印　　次 / 2024 年 2 月第 1 次印刷
开　　本 / 890mm×1240mm　1/32
字　　数 / 200 千字
印　　张 / 8.25
书　　号 / ISBN 978-7-5426-8382-3/G · 1710
定　　价 / 58 .00 元

敬启读者，如发现本书有印装质量问题，请与印刷厂联系 021-63779028